Joachim Jahnke

Land unter

Noch vier Jahre Merkel: Von einem Land, in dem viel zu viele nicht gut leben können

*Bibliografische Information der Deutschen Nationalbibliothek:
Die Deutsche Nationalbibliothek verzeichnet diese Publikation in
der Deutschen Nationalbibliothek, detaillierte bibliographische
Daten sind im Internet über http://dnb.d-nb.de abrufbar.*

© 2017
Herstellung und Verlag: BoD – Books on Demand, Norderstedt.
ISBN: 9783744889469

Vorwort

Als ich vor etwas mehr als zwölf Jahren mit dem Info-portal und einem ersten Buch als einer von damals noch nicht so zahlreichen Kritikern der neoliberalen Form von Globalisierung antrat, konnte ich aus meiner reichhaltigen beruflichen Erfahrung schöpfen. Aus der Arbeit in einer Leitungs-funktion des Bundeswirtschaftsministeriums, in der Brüsseler EU-Kommission, im Vorstand einer grossen öffentlichen Bank in der Londoner City und der Zusammenarbeit mit vielen internationalen Organisationen mangelte es mir nicht an praktischen Einblicken in das neoliberale Räderwerk. Allerdings war meine Basis an harten statistischen Daten, die zu einer seriösen Bewertung unverzichtbar sind, noch klein. Seitdem sind solche Daten in meine heute ca. 8.700 grafischen Darstellungen eingeflossen, die nicht nur ein zusätzliches Gerüst abgeben sollen, sondern auch für eine bessere Verständlichkeit der komplexen Zusammenhänge bestimmt sind.

Gleichzeitig haben über die vielen Jahren meiner eigenen Arbeit die Problembereiche unserer Gesellschaft zugenommen, wie z.B. die Weltkreditkrise, die Brüche in der Eurozone, die oft unfaire chinesische Konkurrenz, Migration in Millionenstärke, in Deutschland eine sich immer weiter ausbreitende Ungleichheit von Einkommen und Vermögen. Auch wurde immer mehr der nationalen politischen Verantwortung in ziemlich anonyme Organisationen fern der betroffenen Bürger abgeschoben. Damit wurden die Wählerstimmen für nationale Parlamente stark entwertet und wurde gleichzeitig die konkrete Verantwortung für unser aller Schicksal vernebelt. Die Politik in Deutschland machte sich unter dem Vorwand, nur auf Sachzwänge der Globalisierung zu reagieren, parteiübergreifend daran, die einst so erfolgreiche Soziale Marktwirtschaft abzubauen. Absichtsvoll aufgerissene Grenzen haben zu immer mehr Dumpingkonkurrenz durch unsozial hergestellte Waren, einwandernde Billigarbeitskräfte und zuletzt der Zuwanderung von „Wirtschaftsflüchtlingen" geführt. Sehr viele Bürger reagieren auf den Einfluß- und Identitätsverlust mit einem frustrierten Rückzug in ihr Privatleben, bleiben den Wahlurnen fern, leiden still vor sich hin und lassen sich oft einreden, dass sie nur selbst an ihrem Schicksal schuld seien. Alle ihre Nachbarn dagegen - so die Message der Medien - lebten gut und gerne in Merkels „Wohlfühlland", in dessen Regierung sie nie Fehler gemacht haben will und das nun in die Verlängerungsrunde von dann schon 16 Merkeljahren geht.

Überhaupt hat die Macht der Medien immer mehr zugenommen. Selbst das Internet wird heute von den Medienkonzernen und ihren Online-Produkten beherrscht. Wichtige alternative Information vermengt sich dort schwer trennbar mit Fake und vielen Verschwörungstheorien. Dabei sind diese Medienkonzerne längst nicht mehr die kritischen Begleiter der Regierungspolitik, die sie mal waren. Der Druck der Werbung hat sie mit wenigen Nuancen alle gleichgeschaltet. Ein Leser der Rundbriefe schickte mir dazu ein Zitat von Mark Twain: „Es ist leichter die Menschen zu täuschen, als davon zu überzeugen, dass sie getäuscht worden sind".

Nach vielen Büchern habe ich mich daher entschlossen, noch eines mit aktuellem Material hinzuzufügen. Provoziert hat mich Merkels grob irreführender Wahlslogan: „Für ein Deutschland, in dem wir gut und gerne leben". Denn leider kann nur das oberstes Zehntel unserer Gesellschaft wirklich gut leben, während weitere 40 % einigermassen gut leben und die untere Hälfte eher weniger gut lebt. Das zeigt sich auch in vielen Beobachtungen jenseits der reinen Wirtschaftsdaten. Die AOK hat gerade gemeldet, dass die Zahl der sogenannten Fehlzeiten, an denen Arbeitnehmer wegen psychischer Erkrankungen nicht zur Arbeit gehen können, von Jahr zu Jahr immer weiter und schon um fast 80 % über die letzten 10 Jahre zugenommen hat.

6

Der Titel des Buches „Land unter" will eine Situation beschreiben, in der uns zu viele Dinge durcheinander und gleichzeitig stark überfordern und in der unser Land und unsere Gesellschaft unter gewaltigen Druck gekommen ist. Es soll hier also um die psychischen und sozialen Überforderungen der deutschen Gesellschaft und eines sehr großen Teils ihrer Mitglieder gehen.

Zugleich will das Buch eine Bilanz von 12 „Merkel-Jahren" sein, an der sich in den weiteren vier Jahren wenig ändern wird, kaum jedenfalls zum Besseren. Ich nenne sie mal die „Merkel-Jahre", weil von der SPD als dem Koalitionspartner über acht Jahre wenig in Erinnerung bleiben wird, ausser einem faulen Kompromiss mit einem viel zu tief angesetzten und dann unzureichend überwachten Mindestlohn, den Merkel wahrscheinlich nun für die Asylanten aussetzen und damit weiter untergraben wird. Merkel hat nach Bekanntgabe des offiziellen Wahlergebnisses erklärt: „Ich sehe nicht, was wir anders machen sollten" und behauptete sogar, sie freue sich über das Ergebnis. Dabei hat ihre eigene Partei nur noch ganze 23,9 % aller Wahlberechtigten außerhalb Bayerns für sich gewinnen können. Daran gemessen erreichte der Protest aus Nichtwählern und AfD-Wählern zusammen 36,3 % aller Wahlberechtigten. Hier zeigte sich also einmal mehr die Arroganz der Macht. Auch das war ein starker Antrieb für dieses Buch.

Die hochgesetzen Ziffern im Text verweisen auf die im Anhang enthaltenen Grafiken.

Bangor, im Oktober 2017

1. Ein für W-Europa vergleichsweise armes Land

Amtliche Stellen und die meisten Medien signalisieren den Deutschen immer wieder und besonders in Vorwahlzeiten einen ständig steigenden Wohlstand mit entsprechendem Wohlbefinden. So hieß es in Merkels Wahlprogramm ganz unbescheiden: „Deutschland ist ein liebens- und lebenswertes Land, in dem man gut wohnen, arbeiten und leben kann: Der großen Mehrheit unserer Bürgerinnen und Bürger ging es noch nie so gut wie heute."

Deutschland wird zum „Wohlfühlland" aufgebauscht. Die Bundesbank meldete im Juli 2017, das Geldvermögen der privaten Haushalte sei auf einen neuen Rekordwert gestiegen, und die „Frankfurter Allgemeine" übersetzt das mit: „Die deutschen Haushalte sind in der Summe so reich wie nie". Die Merkel-nahe Bertelsmann-Stiftung verkündete vor wenigen Monaten auf der Basis einer eigenen Studie zur Regierungsführung in den entwickelten Industrieländern: „Kaum ein anderer Industriestaat hat sich mit Blick auf die eigene Zukunftsfähigkeit in den vergangenen zehn Jahren so positiv entwickelt". Daraus macht dann prompt die „WELT": „Das allgemeine Klagen und Schimpfen mag darüber hinwegtäuschen. Aber: Deutschland ging es noch nie so gut wie heute."

In der Tat ist für die Selbsteinschätzung der Deutschen der Vergleich mit dem Wohlstand anderer Länder in Westeuropa wichtig. Gemeinhin messen Volkswirte und Regierungen den Wohlstand eines Landes an seiner Wirtschaftskraft pro Einwohner. Deutschland kommt dann in W-Europa bei Berücksichtigung der Kaufkraft auf den zehnten Platz von insgesamt zwanzig, also gerademal eine Mittelposition. Doch das ist Erbsenzählerei, die sehr wenig bringt. Schon die Berechnung des Bruttosozialprodukts als Ausdruck der Wirtschaftskraft ist vielen Zweifeln ausgesetzt, da z.B. die Reparatur von Umweltschäden oder – derzeit in Deutschland besonders relevant – die Versorgung von Zuwanderern in Millionenstärke als positive Wirtschaftsleistung gerechnet wird, selbst wenn sie das Land ärmer macht.

Ein grosser Teil der deutschen Wirtschaftsleistung wird zudem exportiert, wobei die Gegenleistung in Finanzanlagen oder Kreditforderungen gegen das Ausland sehr oft abgeschrieben werden muss, wie die gigantischen Saldoforderungen der Bundesbank (Target2) aus Exporten in die Eurozone von rund 800 Mrd. Euro, die kaum jemals zurückgeführt werden dürften.

Schliesslich hat bei einer besonders starken Einkommenskonzentration auf einen kleinen Teil der Bevölkerung, wie in Deutschland (siehe Kapitel 4), die Masse seiner Einwohner einen entsprechend eingeschränkten Wohlstand. Und ausserdem wird der Wohlstand nicht nur von dem oft instabilen Einkommen oder der schwankenden Wirtschaftsleistung bestimmt, sondern eher noch stärker von dem langfristig angesammelten Vermögen. Ein Land mit hohem Gesamtvermögen, kann sich über ein gerechteres Steuersystem durchaus selbst finanzieren, statt die Solidarität anderer Regierungen einzufordern, wie es seit Jahren immer wieder seitens der Euro-Krisenländer und neuerdings sogar Frankreichs an die deutsche Adresse geschieht (siehe Kapitel 2).

Wir wissen ziemlich aktuell aus der von der Europäischen Zentralbank vorgenommenen Erhebung zu Finanzen und Konsum der privaten Haushalte, wie sich die Vermögen in der Eurozone vergleichen. Nach den zuletzt im Dezember 2016 veröffentlichten Daten liegt das mittlere Vermögen der privaten deutschen Haushalte auf dem letzten Platz am unteren Ende der Eurozone[1]. Das mittlere Vermögen ist ein guter Vergleichsmaßstab, weil es die Mitte zwischen dem oberen und dem unteren Teil der Vermögen beschreibt. Schaut man nur auf das mittlere Geldvermögen, so kommt Deutschland im weltweiten Vergleich nicht einmal unter die ersten 20 Länder, obwohl darunter 11 westeuropäische sind. Und beim Netto-Geldvermögen pro Kopf reicht es gerade einmal zum 18. Platz unter insgesamt 20[2].

Ein weiteres gutes Kriterium für den allgemeinen Wohlstand ist Wohneigentum, zumal es ein guter Puffer gegen die oft befürchtete Altersarmut sein kann. Doch nur 44 % der deutschen Haushalte kann eine Wohnung sein eigen nennen, der niedrigste Anteil in der Eurozone. Ebenso wichtig für die Wohlstandsbestimmung ist nicht so sehr, ob die Menschen Arbeit haben, sondern ob sie von ihrer Arbeit ohne Armut leben können. Auch in dieser Hinsicht hängt Deutschland mit einem wuchernden Niedriglohnsektor nach unten durch. Nach den derzeitigen Euro-Krisenländern Spanien und Italien hat Deutschland den höchsten Anteil von trotz Arbeit Armen[3].

Angesichts der erheblichen Alterung der europäischen Gesellschaften und insbesondere der deutschen ist die Höhe der Renten gemessen am letzten Brutto-Arbeitseinkommen ein weiterer Faktor, der Licht auf das Wohlstandsniveau wirft. Nach Modell-Rechnungen der OECD hat Deutschland in W-Europa eines der niedrigsten Rentenniveaus, nur noch von Irland und Grossbritannien unterboten[4] und das niedrigste Rentenniveau nach kleinen Arbeitseinkommen[5].

Schliesslich ist die Lebenserwartung ein ganz guter Indikator für den Wohlstand einer Gesellschaft. Die Lebenserwartung im Alter von 75 Jahren zeigt sehr gut an, wie schnell sich die Menschen im Laufe ihres Lebens verbrauchen. Deutschland liegt hier am Ende in Westeuropa, fast zwei Jahre oder 15 % hinter der Erwartung für das Spitzenland Frankreich[6.]

Nimmt man alle diese Lebens-Faktoren zusammen, so ist Deutschland im Vergleich mit den anderen Ländern W-Europas trotz aller Wohlstandspropaganda eher ein vergleichsweise armes Land, auch wenn ein kleinerer und wachsender Teil seiner Bevölkerung in hohem Wohlstand lebt. 12 Jahre Merkel haben die Situation für sehr viele Menschen noch verschlimmert, wie in den folgenden Kapiteln aufzublättern sein wird.

2. Lasten aus der Eurozone

Der Euro war von Anfang an eine Missgeburt, da die Volkswirtschaften für eine Einheitslösung nicht reif waren und da dann bis hin nach Griechenland auch noch Länder aufgenommen wurden, die erst recht nicht reif waren. Die Krisen waren unausweichlich und kamen prompt, als die Weltwirtschaft durch die Weltkreditkrise unter gewaltigen Druck geriet. Für unsere Partner, die Deutschland als besonders reich und als Gewinner des Euros ansahen, war die Lösung dann sehr einfach: Deutschland muss zahlen. So wurden mit deutscher Zustimmung die verschiedenen riesigen Rettungsfonds hochgefahren, die praktisch Schattenhaushalte darstellen. Wie bei einer Gratis-Kreditkarte wurde ausserdem das Anschreiben von Schulden in den Target2-Salden zu deutschen Lasten ungebremst zugelassen.

Schliesslich wurde durch die extrem lockere Geldpolitik der Europäischen Zentralbank über Null-Zinsen ein System des Geldtransfers von Gläubigerländern zu Schuldnerländer eingerichtet. Die EZB ging auch ganz ungeniert zur direkten Staatsfinanzierung der Krisenländer über, was nach ihrer Satzung eigentlich verboten war. Von den Druckmaschinen der EZB floss so die in deren Bilanz ausgewiesene Liquidität auf bisher weit über vier Billionen Euro hoch, mehr als das 1,4-Fache der jährlichen volkswirtschaftliche Gesamtleistung Deutschlands[7].

Doch selbst dann war noch nicht Schluss, denn nun musste auch noch eine Lösung für die in vielen Krisenländern weit überschuldeten Banken gefunden werden, zumal die reichen privaten Geldgeber der Banken nicht zur Kasse gebeten werden sollten. In den frühen Morgenstunden des 29. Juni 2012 nach einer durchverhandelten Nacht stimmte Merkel im Europäischen Rat, wohl mit wenig Überblick und finanziellem Verständnis, der Schuldenunion der Banken der Eurozone und einer gemeinsamen Bankenaufsicht zu. Das war ein kolossaler Akt weiterer deutscher Selbstentmündigung. Denn damit erhalten unsere Europartner auch Zugriff auf die bei deutschen Banken und vor allem den Sparkassen bereits angesammelten Einlagensicherungsfonds, die in den meisten anderen Ländern bisher nicht oder kaum existieren. Über die Bankenkontrolle entscheidet seitdem die EZB. Finanzminister Schäuble konnte seitdem nur noch auf Zeit spielen, das Unheil aber nicht mehr rückgängig machen.

Selbst das ist noch nicht das Ende einer immer länger werdenden Fahnenstange zu deutschen Lasten. Vor allem Frankreich schob seine dramatisch weitergehenden Forderungen zunächst bis nach den Bundestagswahlen auf. Schon zwei Tage später legte Präsident Macron seine lange Wunschliste für mehr Europa in einer langen Rede in der pompösen Sorbonne Universität von Paris vor. Darin drängte er besonders auf einen eigenen Etat für die 19 Staaten der Eurozone, um gegen finanzielle Turbulenzen gewappnet zu sein: „Wir brauchen ein gestärktes Budget im Herzen von Europa, im Herzen der Eurozone". Macrons zusätzlicher Haushalt, neben dem der EU, soll aus Steuern auf die grossen digitalen Unternehmen, aus den zu harmonisierenden Unternehmenssteuern, aber auch aus Umweltsteuern finanziert werden. Er soll von einem eigenen Finanzminister der Eurozone überwacht werden, für den Macron schon einen französischen Kandidaten hat. Hinsichtlich der Grössenordnung hat Macron von zwischen drei und vier Prozent der Wirtschaftsleistung der Euroländer gesprochen. Deutschland, als grösstes Mitglied des Euro-Clubs, müsste knapp 30 % in den Topf einbringen. Das wäre bis zu etwa einem Drittel des bisherigen deutschen Haushaltsvolumens.

Ausserdem will Macron ein europäisches Verteidigungsbudget und eine gemeinsame Interventiontruppe. Auch dieser Vorschlag käme Deutschland sehr teuer, denn bisher gibt Deutschland nur 1,2 % seines Bruttoinlandsprodukts für Verteidigung aus, während in anderen Euro-Staaten dieser Anteil deutlich höher ist. In Frankreich liegt er mit 2,3 % fast doppelt so hoch. Bei einem gemeinsamen Budget müssten die Mitgliedsländer den gleichen Anteil einzuzahlen. Ein weiterer Vorschlag zielt auf eine europäische Agentur, um eine radikale Innovation in der Wirtschaft zu fördern, z.B. in künstlicher Intelligenz. Weitere gemeinsame Unterstützungszahlungen will er zur Förderung der Elektromobilität. Es fehlt auch nicht an einem ebenfalls teuren Vorschlag für die Finanzierung eines grossen europäischen Programms zur Ausbildung von Migranten. Schon vor Monaten hat Frankreich eine Vergemeinschaftung der Arbeitslosenversicherung ins Gespräch gebracht, weil die Arbeitslosigkeit bei den meisten Partnerländern und vor allem Frankreich[8] weit höher als in Deutschland anfällt. Bei allen diesen Forderungen kann sich Macron auf die Unterstützung der übrigen sogenannten ClubMed-Länder verlassen, vor allem Italien, Spanien und Griechenland.

Bis nach den deutschen Wahlen wurde ausserdem der Schuldenerlass für Griechenland zurückgestellt. Wer erinnert sich noch in Deutschland an den Wahlkampf von 1999, als die CDU mit der Frage plakatierte „Was kostet uns der Euro" und gleich die Antwort gab: „Ein ganz klares Nein! Der Maastrichter Vertrag verbietet ausdrücklich, dass die anderen EU-Partner für die Schulden eines Mitgliedstaates haften. Die Euro-Teilnehmerstaaten werden auf Dauer ihren Schuldendienst leisten können. Eine Überschuldung eines Euro-Teilnehmerstaats kann daher von vornherein ausgeschlossen werden"?

Das nun ist die bedrückende Geschichte des Euro. Aus deutscher Sicht ist sie mit einer Bundeskanzlerin verbunden, die mehrfach verkündet hat: „Scheitert der Euro, scheitert Europa" und die Hilfen für die EU und den Euro daher für „alternativlos" hält. Solche Sprüche sind natürlich gleichzeitig Einladungen an unsere Euro-Partner, weitere Forderungen gegen Deutschland zu stellen. Die Lasten der Eurozone werden umso mehr Deutschland aufgeladen werden, als Merkel Deutschland immer wieder als besonders wohlhabend darstellt, was – wie in Kapitel 1 gezeigt – eine irreführende Propaganda ist.

3. Ein Land im Dauerstress

Die deutsche Arbeitswelt hat sich während des vergangenen Merkel-Jahrzehnts nicht zum besseren entwickelt. Sehr viele Deutsche leben im Dauerstress, der ihre Gesundheit erheblich schädigt und ihre Lebenserwartung verkürzt. Wir müssen uns die Details ansehen, auch wenn sie aus vielen statistischen Daten zusammengesetzt sind.

Atypische Beschäftigung, wie Teilzeit unter 20 Stunden, Minijobs, befristete Beschäftigung und in Zeitarbeitsverhältnissen hat in Deutschland mehr als in den meisten Ländern W-Europas zugenommen[9]. Ebenso sind atypische Arbeitszeiten sehr häufig geworden: Etwa ein Viertel der Arbeitnehmer arbeitet auch samstags und abends[10]. Immer häufiger wird also nicht nur unter der Woche, sondern auch am Wochenende gearbeitet. Der Anteil der Erwerbstätigen, die samstags arbeiten, stieg zwischen 1992 und 2016 von 21 % auf etwas über 25 %, der Anteil derer mit Sonntagsarbeit von 10 % auf 14 %. Im gleichen Zeitraum erhöhte sich der Anteil der Erwerbstätigen, die abends arbeiten, erheblich von 15 % auf 25 %. Schicht- und Wochenendarbeit haben zwischen 1995 und 2015 um fast die Hälfte zugelegt.

Immer Menschen müssen einen Zweitjob auf sich nehmen, um genug zu verdienen und vor allem um für ihr Alter vorzusorgen. Inzwischen sind es etwas mehr als 8 % aller sozialversicherungspflichtig Beschäftigten[11]. Der Anteil derer, die im Alter von 65 bis 69 Jahren noch arbeiten, mehr als verdoppelte sich über die letzten 10 Jahre auf über 15 %.

Hinzu kommen für viele Arbeitnehmer lange Anfahrtswege. Der Anteil der Beschäftigten, die zum Teil lange Wege zum Arbeitsplatz und zurück in Kauf nehmen, ist 2016 auf einen neuen Rekordwert von 59 % gestiegen. Mehr als 18 Mio. Pendler pendeln so im Durchschnitt hin und zurück über 34 km bei meist stark verstopften Strassen.

Ein besonderer Psychoterror der Arbeitgeber geht von den immer mehr zunehmenden befristeten Arbeitsverträgen aus, die die Arbeitnehmer in absoluter Unsicherheit halten. 2016 waren 45 % aller neuen Arbeitsverträge nur befristet (ohne Auszubildende und Minijobber). Das betraf 1,6 Millionen Menschen und bereits 7,7 % aller bis dahin vorhandenen Jobs. Der Anteil der Befristungen nahm nicht nur bei Jüngeren, sondern auch bei Arbeitnehmern mittleren und höheren Alters zu. Für die 25- bis 29-Jährigen betraf er sogar die Hälfte. Vor allem: Nur 40 % der Befristeten werden danach dauerhaft übernommen. Der grössere Teil muss also einen anderen wahrscheinlich wieder nur befristeten Vertrag suchen und sich weiteren psychischen Belastungen aussetzen.

Man darf nicht überrascht sein, wenn Arbeitnehmer unter solchen Verhältnissen schneller „ausbrennen". Die Bundesanstalt für Arbeitsschutz hat im Auftrag des Arbeitsministeriums in den vergangenen vier Jahren mit Befragungen die Situation der „psychischen Gesundheit in der Arbeitswelt" untersucht. Eine häufig detailliert vorgeschriebene Aufgabendurchführung - also ein gering ausgeprägter Handlungsspielraum - liegt bei 29 % der Befragten vor, wobei sich der Anteil bei den Männern mit 30 % kaum von dem der Frauen unterscheidet (28 %). Häufig mit den Problemen oder dem Leid anderer Personen konfrontiert zu sein, berichten 37 % der Befragten, wobei der Anteil der Frauen (48 %) den der Männer (27 %) erheblich überschreitet. Das sind hohe Anteile. Wenn gerade Frauen in ihren Gesprächen so oft auf Leid ihrer Mitmenschen stossen, müssen sie das selbst als bedrückend empfinden.

Insgesamt geben etwas mehr als die Hälfte der Befragten an, häufig mit starkem Termin- und Leistungsdruck arbeiten zu müssen, wobei sich der Anteil von Frauen und Männern nur geringfügig unterscheidet. Die Arbeitsintensität ist für die Hälfte und mehr der befragten Arbeitnehmer sehr hoch[12].

Wenn fast die Hälfte häufig sehr schnell arbeiten und mehr als zwei Drittel verschiedenartige Aufgaben gleichzeitig vollbringen müssen, kann das nur Dauerstress bedeuten.

Oben drauf kommt dann noch Mobbing, sexuelle Belästigung, körperliche Gewalt oder die Androhung von Gewalt am Arbeitsplatz. Diese sehr unerfreulichen Umstände haben gegenüber früheren Jahren deutlich zugenommen. 2015 gaben schon 16 % der Befragten an, in den letzten zwölf Monaten am Arbeitsplatz belästigt oder bedroht worden zu sein.

Im September 2017 hat die AOK ihren neuesten Fehlzeitenreport herausgegeben, mit dem sie den Ausfall an Arbeitszeit durch Krankheiten misst. Danach ist zwar insgesamt der Krankenstand im Jahr 2016 im Vergleich zum Vorjahr gleich geblieben. Doch sind die Fehltage aufgrund psychischer Erkrankungen erneut gestiegen. Sie haben in den letzten 10 Jahren konstant um nicht weniger als 79 % zugenommen[13]. Psychische Erkrankungen führten erneut zu langen Ausfallzeiten. Mit 26 Tagen je Fall dauerten sie mehr als doppelt so lange wie der Durchschnitt aller Krankheiten. Jedes Jahr kommen fast elf Millionen Tage zusammen, an denen Menschen, die an einer Depression erkrankt sind, nicht zur Arbeit gehen können.

Die Arbeitsunfähigkeit durch psychische Erkrankungen hat in den vergangenen Jahren drastisch zugenommen. Im Vergleich zum Jahr 2002 waren deutsche Arbeitnehmer 2015 insgesamt 96 Millionen Tage zusätzlich krankgeschrieben. Der Anstieg von Krankheitstagen aufgrund psychischer Probleme lag damit bei mehr als 50 %. Die Krankenhausentlassungen nach Diagnose von psychischen und Verhaltensstörungen sind seit der Jahrtausendwende um ein Drittel angewachsen[14]. Im internationalen Vergleich belegt Deutschland bei den Krankenhausentlassungen nach psychischer Erkrankung einen traurigen Spitzenplatz, 15-mal höher als die Niederlande oder Irland[15]. Die OECD hat kürzlich Daten der Europäischen Gesundheitsumfrage und anderer Studien ausgewertet und für 2014 den Anteil der an Depressionen leidenden Menschen berichtet. In der Altersgruppe von 25 bis 64 Jahre lag Deutschland mit 12 % an der Spitze. Befragungen mögen zu unsicheren Ergebnissen führen. Doch passt dieses Ergebnis zu dem über die Krankenhausentlassungen.

Auch müssen immer mehr Menschen wegen psychischer Erkrankungen Reha-Leistungen in Anspruch nehmen, um wieder fit für den beruflichen Alltag zu werden. 2016 hat die Deutsche Rentenversicherung 70 % mehr an stationären Rehabilitationsleistungen wegen psychischer Erkrankungen bewilligt als noch zehn Jahre vorher. Die häufigsten Diagnosen, die eine Reha notwendig erscheinen lassen, sind depressive Störungen und Angsterkrankungen. Fast jede zweite Frühverrentung ist inzwischen die Folge seelischen Leidens.

Natürlich gibt es neben der Arbeit noch viele andere Stressfaktoren. Dazu zählen vor allem Sorgen um die wirtschaftliche Zukunft, wie das Wohl der Kinder, wobei nach dem jüngsten Familienbericht der Bundesregierung jedes fünfte in Armut aufwachsen muss, bei Alleinerziehern mit Geschwistern sogar weit mehr als die Hälfte, oder die Angst vor Altersarmut, die bei vielen Menschen sehr akut ist.

4. Ein immer weniger soziales Land

Der grösste Vorwurf an Kohl, Schröder und dann Merkel ist, dass sie nach dem Sieg des Kapitalismus mit dem Fall der Berliner Mauer die soziale Spaltung in Deutschland haben immer weiter laufen lassen, ja dass sie diese mit einer falschen Steuer- und Sozialpolitik und mangelnden Investitionen in die Bildung noch erheblich beschleunigt haben. Es ist eines der dunkelsten Kapitel in bisher 12 Jahren Merkel. Wir müssen darauf ausführlicher eingehen, nicht zuletzt, weil es Merkel und ihren Propagandakolonnen gelungen ist, das Thema der sozialen Gerechtigkeit weitgehend aus dem Wahlkampf herauszuhalten und damit die SPD in den Keller zu drücken.

Entgegen dem Wahlslogan der Kanzlerin vom „guten Leben in Deutschland" haben sehr viele und zunehmend mehr Menschen ihre Chancen auf ein gutes Leben nicht nutzen können. Dazu trug die schwere Weltfinanzkrise bei, die sich auf Deutschland ausbreiten konnte, weil die deutsche Banken- und Finanzmarktaufsicht unter Merkels Regierung genauso versagte, wie in vielen anderen Ländern. Im Ergebnis wurden die meist wohlhabenden Finanzierer der Banken, die ihre riskanten Anleihen gekauft und ihnen damit Milliarden an Spielkapital besorgt hatten, vor Verlusten bewahrt, während Merkel die Verluste der Allgemeinheit zuschob.

Einkommens-Diskriminierung

Netto-Löhne und -Gehälter haben sich seit der Jahrhundertwende sehr viel schwächer entwickelt als die Unternehmens- und Vermögenseinkommen, nämlich mit einem realen Plus von nur 6 % gegenüber 36 %, und daran haben die Merkel-Jahre nichts geändert[16]. Entsprechend ist das Verhältnis der Einkommen des obersten Fünftels zum untersten in der

Merkel-Zeit immer weiter gestiegen[17]. Auch die Anteile der unteren 40 % an den verfügbaren Einkommen und der oberen 60 % haben sich deutlich weiter auseinander entwickelt[18].

Über all die Jahre litt die deutsche Lohnentwicklung unter schwachen Gewerkschaften und einem Rückzug der Unternehmen aus der Tarifbindung[19]. Sie litt aber ebenso unter der von der Bundesregierung und der EU geförderten und oft unfairen Konkurrenz von Billigproduzenten, vor allem in China und Osteuropa, sowie einer erheblichen Zuwanderung von Arbeitskräften aus Osteuropa, für die das deutsche Lohnniveau und die Sozialleistungen sehr attraktiv sind. Seit Mai 2011 und im Falle von Rumänien und Bulgarien seit Januar 2014 können diese in Deutschland und anderen EU-Ländern Arbeit aufnehmen. Die Löhne sind bis zu achtmal höher (so für Bulgarien[20]). Viele Osteuropäer kassieren das deutsche Kindergeld, obwohl ihre Kinder in Osteuropa zu wesentlich niedrigeren Kosten leben. Die Zahl der Menschen aus Polen, Rumänien, Bulgarien, Slowakei, Tschechien, Slowenien und Ungarn in Deutschland ist seit 2010 auf das Zweieinhalbfache, nämlich rund zwei Millionen gestiegen[21]. Besonders stark war der Anstieg bei Rumänen und Bulgaren, die 2016 zusammen erstmals die Polen der Zahl nach überholt haben.

Nicht nur gegenüber den Unternehmens- und Vermögenseinkommen haben sich die Löhne und Gehälter viel schlechter entwickelt, die Schere ist auch innerhalb der Gruppe der Lohnabhängigen immer weiter aufgegangen. So haben die in leitender Stellung Beschäftigten seit 2007 um real fast 4 % zugelegt, während angelernte Arbeitnehmer um fast 5 % verloren haben[22]. Die Bosse, die ebenfalls als Arbeitnehmer zählen, sind darin nicht erfasst und haben sich noch wesentlich stärker bedient.

Minijobs und niedrig entgoltene Arbeit hat in Merkels Zeit besonders stark zugenommen, wobei sich die unsichere und schlechter bezahlte Leiharbeit auf fast 1 Mio. verdoppelt hat[23] und die Minijobs auf fast 8 Mio. stiegen. Entsprechend verdoppelte sich der Anteil der trotz Arbeit Armen über Merkels

Zeit auf fast 10 % und musste der Bund mit Hartz 4 aufstok-
ken[24]. Nirgendwo in Westeuropa hat sich die Erwerbsarmut
seit 2005 so stark entwickelt wie in Deutschland[25]. Nur in den
Euro-Krisenländern liegt sie jetzt noch höher[3].

Gegen den Widerstand von Merkels Partei konnte zwar
die SPD einen Mindestlohn durchsetzen, doch der war und
ist viel zu tief angesetzt und reicht längst nicht aus, um nach
45 Versicherungsjahren wenigstens auf das Niveau der Grund-
sicherung zu kommen. Zudem wird er nicht genug überwacht.
Er ist der niedrigste Mindestlohn in W-Europa, von den
Eurokrisenländern abgesehen[26].

Der Anteil der Arbeitnehmer, die in Deutschland einen
Niedriglohn beziehen, ist im europäischen Vergleich hoch: So
verdient fast ein Viertel der Beschäftigten (22,5 %) weniger
als 10,50 Euro pro Stunde und liegt damit unterhalb der Niedrig-
lohnschwelle, wie aus einer kürzlichen Antwort der Bundesregierung auf eine Parlamentarische Anfrage hervorgeht. Im
Euroraum insgesamt kommen dagegen nur knapp 16 % der
Arbeitnehmer mit Niedriglohn nach Hause und haben dabei
mehr in der Tasche als deutsche Niedriglöhner: Im Euroraum
beginnt der Niedriglohn erst unterhalb von 14,10 Euro.

Über die ganze Amtsperiode Merkels hat sich die Lohn-
diskriminierung der Frauen nicht verändert[27]. Sie ist einsame
Spitze in W-Europa[28]; gerade von einer Bundeskanzlerin hätte man mehr Abhilfe erwartet.

So ist im Gefolge des wuchernden Niedriglohnsektors
mit viel meist schlechter bezahlter Teilzeitarbeit die von Merkel
immer wieder als grosser Erfolg vorgeführte Zahl der Erwerbstätigen seit 2008 zwar um jahresdurchschnittlich 0,8 % ge-
wachsen, die Zahl der Vollzeitbeschäftigten dagegen nur um
äusserst magere 0,3 %, wie auch die Zahl der Arbeitsstunden
kaum zugenommen hat[29].

Die Verlagerung von Beschäftigung in den Niedriglohnsektor hat ausserdem dazu beigetragen, dass die Produktivi-
tät pro Arbeitsstunde sich in Deutschland seit etwa vier Jahren geringer entwickelt als in der Eurozone insgesamt[30].

An all diesen Daten zeigt sich, wie verlogen die Patentformel „Sozial ist, was Arbeit schafft" wirklich ist, denn vor allem wurde und wird Arbeit zu sehr unsozialen Bedingungen geschaffen. Und wo echte, gut bezahlte Arbeitsplätze geschaffen wurden, war es nicht Merkels Leistung sondern ein für den deutschen Export dramatisch unterbewerteter Euro und innerhalb der Eurozone über Lohndumping der Klau von Arbeitsplätzen bei den Partnern.

Schliesslich ist auch die Armutsquote in den Merkel-Jahren erheblich gestiegen[31]. Betroffen sind dabei sehr viele Kinder und Jugendliche. Die Zahl der bis 2015 betroffenen Kinder unter 6 Jahren stieg seit 2005 trotz rückläufiger Geburtenentwicklung um fast die Hälfte, wobei die neuere Flüchtlingswelle in den Daten noch gar nicht richtig erfasst ist[32].

Es ist fast unglaublich für Menschen, die mit der Sozialen Marktwirtschaft gross geworden sind: Der Anteil der obersten 10 % am Einkommen liegt schon wieder in der Grössenordnung der Kaiserzeit vor dem Ersten Weltkrieg[33].

Vermögensdiskriminierung

Ein grosser Teil der Deutschen ist vermögensarm. Die untere Hälfte der Bevölkerung besitzt nur etwas weniger als 3 % der Vermögen unseres Landes[34]. Dabei sind die Vermögen in Deutschland noch viel ungleicher verteilt als in der Eurozone insgesamt[35].

Nach der Aufstellung der Bundesbank aus 2016 über die Verteilung des deutschen Nettovermögens (einschliesslich Immobilien) sind die untersten 20 % der Haushalte im Durchschnitt verschuldet und haben also ein negatives Vermögen. Die darüber liegenden 20 % kommen gerade einmal auf durchschnittlich 12.000 Euro an Vermögen[36]. Dagegen sind die im obersten Zehntel im Durchschnitt Millionäre.

Das durchschnittliche Vermögen des vom Einkommen her obersten Zehntels der Haushalte ist fast 15-mal höher als das des untersten Fünftels, der nach Österreich höchste Wert der Eurozone[37]. Im globalen Vergleich mit anderen westlichen Industrieländern hält Deutschland auf der Basis des Gini-Koeffizienten zusammen mit USA, Schweden und Grossbritannien die Spitzenposition in Ungleichverteilung[38].

Die Vermögensarmut weiter Teile der Bevölkerung und der wuchernde Niedriglohnsektor trugen dazu bei, dass sich die Ausgaben der privaten Haushalte im Durchschnitt der Jahre 2005-2016 nur um 0,9 % pro Jahr entwickelten und damit erheblich weniger als die gesamte Wirtschaftsleistung erlaubt hätte[39]. Mit der ihnen auferlegten Sparsamkeit haben die Deutschen auch die Importe gedrosselt, bis auf die aus China, und damit der Eurozone erheblich geschadet.

Was muss man daraus schliessen? Alle die vielen Menschen im unteren Teil der Einkommen und Vermögen kann man zu denen zählen, die in Deutschland eben nicht gut leben können. Und weil so viele Menschen nicht gut leben können, werden auch sehr viele andere ständig in Angst leben müssen, abzusteigen oder eines Tages soziale Unruhen in der Gesamtgesellschaft erleben zu müssen. Das ist einfach und schlicht die Wahrheit.

Die Renten verlieren weiter an Boden

Auch in Merkels Regierungszeit ist das Rentenniveau gemessen am durchschnittlichen Jahresarbeitsentgelt weiter zurückgegangen[40]. Die Zukunft der Renten ist noch unsicherer geworden. Immer mehr Rentner müssen auf dem Niveau der Sozialhilfe leben[41]. Angst vor Altersarmut hat sich über die Merkel-Jahre weit verbreitet. Schon 2013 gaben in einer Umfrage des Deutschen Gewerkschaftsbundes rund 42 % der Beschäftigten in Deutschland an, sie rechneten nicht damit, dass ihre gesetzliche Rente zum Leben reicht.

Am schlechtesten sind die Neurentner dran, die voll unter das Diktat der Rentenformel gekommen sind. Sie ist vor allem das Werk der Rürup-Kommission unter der Schröder-Regierung. Mit der Rentenreform (und darin der Rente mit 67

Jahren) wurde der sogenannte Nachhaltigkeitsfaktor eingeführt, der die Renten in Stufen bis 2030 absenkt. Gemessen
am letzten durchschnittlichen Arbeitsentgelt war das Netto-
Rentenniveau von noch 55 % anfangs der 70er Jahre bis zur
Rürup-Kommission schon auf knapp 53 % abgesunken. Doch
seitdem geht der Nettowert vor Steuer unter dem Diktat der
Rentenformel richtig nach unten. Von knapp 50 % in 2012 soll
er bis 2030 noch auf 43 % absinken[24].

Hinzu kommt eine starke Rentenschichtung. Sie fällt bei
den Frauen mit einem Anteil der Renten unter 300 Euro von
26 % extrem aus[42]. Letztlich spiegelt das die starke Sprei-
zung der Arbeitseinkommen wieder.

Der Koblenzer Professor für Statistik und empirische
Sozialforschung, Gerd Bosbach, hat den realen Rentenverlust
für Neurentner seit dem Jahr 2000 errechnet. Danach haben
die Rentner in Deutschland in den vergangenen 15 Jahren
einen weit höheren Kaufkraftverlust erlitten als vielfach angenommen. Die Rentenzahlungen für Neurentner mit langen
Versicherungszeiten sind zwischen 2000 und 2015 um fast
17 % gesunken. Um die Kaufkraft ihrer Altersbezüge vom Jahr
2000 zu erreichen, hätten sie im vergangenen Jahr über 50 %
mehr Rente bekommen müssen. Konkret sanken nach Zeit-
reihen der Deutschen Rentenversicherung die Rentenzahlungen zwischen den Jahren 2000 und 2015 für Neurentner mit
Versicherungszeiten von mehr als 35 Jahren im Schnitt von
1021 auf 848 Euro im Monat - ein Minus von fast 17 %. Im
gleichen Zeitraum stiegen die Preise um fast 25 %. Dabei ist,
so Bosbach, eine Beteiligung an der realen Wirtschafts- und
Wohlstandsentwicklung noch gar nicht enthalten. Bosbach:
„Der alleinige Blick auf die Absenkung des Rentenniveaus in
der Debatte verharmlost die Lage der Rentner massiv." Als
Gründe für den Sinkflug der gesetzlichen Renten nennt
Bosbach den Ausbau des Niedriglohnsektors, geringe Lohn-
erhöhungen bis 2013 sowie hohe Arbeitslosenquoten seit dem
Jahr 1991.

Die Absenkung der Eingangsrenten führt mit einem Zeitverzug auch zur Absenkung der Standardrenten. Dabei sind die gesetzlichen Renten gerade für ärmere Menschen die Haupteinnahmequelle im Alter. Die Folgen belegen die wachsenden Armutsgefährdungsquoten: Für die Menschen ab 65 ist diese Quote zwischen 2000 und 2015 von 11 % auf fast 15 %, für Rentner und Pensionäre von fast 11 % auf fast 16 % gestiegen. Die Armutsgefährdungsquote aller Menschen in Deutschland dagegen erhöhte sich im gleichen Zeitraum nur um einen Prozentpunkt.

Schon jetzt dramatischer Mangel an bezahlbarem Wohnraum

Vor allem fehlt es in den Grossstädten immer mehr an bezahlbarem Wohnraum. Nach der neuen Prognos-Studie werden in Deutschland bereits seit 2009 zu wenige Wohnungen gebaut: „Durch die zu schwache Neubautätigkeit ist bis heute ein Bedarf von rund 1 Mio. fehlenden Wohnungen aufgelaufen. Insbesondere im Bereich des sozialen Wohnungsbaus besteht erhöhter und dringender Handlungsbedarf. Im Zeitraum 2013 bis 2016 sind rund 276.000 Wohnungen aus der Bindung herausgefallen. In den Jahren 2017 bis 2020 wird das Angebot voraussichtlich um weitere 160.000 Wohnungen reduziert. Pro Jahr fallen damit 40.000 bis 50.000 weitere Wohnungen aus der Bindung heraus.

Der rückläufigen Entwicklung der Wohnungsbestände steht eine viel zu geringe Neubautätigkeit im sozialen Wohnungsbau gegenüber. Im Jahr 2015 wurden rund 15.000 Wohnungen im Sozialmietwohnungsbau neu errichtet. Das entspricht nur 18 % des mittelfristigen Bedarfs von 80.000 Sozialwohnungen pro Jahr. Die Neubautätigkeit im Sozialwohnungsbereich reicht somit nicht einmal aus, um den Abgang an Sozialwohnungen zu kompensieren. Die eigentlich notwendige Angebotserweiterung rückt dadurch in weite Ferne."

24

In 2016 stiegen die Mieten in Städten mit mehr als 500.000 Einwohnern bereits um 6,3 % und in den TOP-7-Städen weit über die Entwicklung der Haushaltseinkommen hinaus[43]. Nach Auskunft des Bundesbauministeriums müssen fast vier von zehn Mieter-Haushalten in Deutschland schon mehr als 30 % ihres Einkommens für die Miete ausgeben. Etwa jeder sechste Haushalt zahlt sogar mehr als 40 % des Nettoeinkommens für die Bruttokaltmiete. Die 30-Prozent-Marke gilt als kritisch, da insbesondere Familien mit kleinerem Einkommen sonst nicht genug Geld für den Alltag bleibt. Das Instrument, das den Mietanstieg in Regionen mit Wohnungsknappheit bremsen soll, funktioniert jedoch nicht.

Es sind die Bundesländer, Städte und Gemeinden, die mit staatlichen Gesellschaften für sozialen Wohnraum sorgen. Vom Bund erhalten sie dafür einen Zuschuss, der angesichts der grossen Aufgabe allerdings recht kläglich ausfällt: Überwies das Bundesbauministerium im Jahr 1991 noch 1250 Millionen Euro an die Länder, waren 2016 nur noch knapp 600 Millionen Euro vorgesehen, die der Bund wegen der Kosten für die Unterbringung von Asylbewerbern kurzfristig aufgestockt hat. Zum Jahr 2019 läuft diese „Wohnraumförderung" dann allerdings ganz aus. Der staatliche Anteil an Wohnbauinvestitionen ist über die Merkel-Jahre stark zurückgegangen und liegt nur noch bei ca. 0,3 %.

Zu wenig Geld für Investitionen in Bildung und Infrastruktur

Im Zeichen von Haushaltsdisziplin und der schwarzen Nullen wurden in den letzten sechs Jahren die ohnehin unzureichenden öffentlichen Ausgaben für Schulbildung und Infrastruktur gemessen an der Wirtschaftsleistung des Landes eingefroren oder sogar etwas zurückgefahren[44]. Deutschlands Chancen für die Zukunft wurden entsprechend eingeschränkt. Eher wurden die Steuern für Besserverdiener und Unternehmen gesenkt (siehe das folgende Kapitel), als in die Zukunft des Landes zu investieren. Das wurde zu einem Erkennungs-Merkmal der Merkel-Periode.

Auch nach einer neuen McKinsey-Studie investiert Deutschland öffentlich und privat zu wenig in Transportnetze, Energie, Wasser und Telekommunikation. Im Vergleich der G20-Staaten investiert Deutschland prozentual am wenigsten. Zwar sind für Bildung und Investitionen weitgehend die Bundesländer zuständig. Doch die haben keine echte Steuerkompetenz zur Erhöhung ihrer Einnahmen und stehen auf der Ausgabenseite unter dem Gebot eines ausgeglichenen Haushalts. Ausserdem hat sich Merkels Bundesregierung 2009 zur Einführung einer Schuldenbremse ins Grundgesetz entschlossen, die auch die Bundesländer trifft. Wenn die Länder ihren Aufgaben bei Bildung und Investitionen nicht ausreichend nachkommen können, liegt das also letztlich in der Verantwortung der Bundesregierung.

Merkel hat bisher kein Konzept, wie sich die stark zunehmende Ungleichheit von Einkommen und Vermögen stoppen lässt. Deutschland entfernt sich so mit hoher Geschwindigkeit von den erfolgreichen skandinavischen Modellen, die uns noch zu Beginn des Jahrtausend eng benachbart waren[45,46].

5. Eine unsoziale Steuerpolitik

Die Steuerpolitik ist eines des wenigen Instrumente, mit denen die Regierungen der sozialen Aufspaltung der Gesellschaft entgegenwirken können. Doch in den letzten Jahrzehnten ist die Steuerpolitik in Deutschland eher zu einer der Sollbruchstellen unserer Gesellschaft geworden. Zu den Brennpunkten dieser Entwicklung zählen (1) die seit Jahrzehnten betriebene Politik der Steuersenkungen für hohe Einkommen von Privatpersonen und Unternehmen, (2) die unzureichende Besteuerung von grossen Erbschaften bei Fehlen einer Steuer für grosse Vermögen und (3) die durch abgesenkte Steuereinnahmen ausgelöste Verarmung des Staates, der damit seinen Verpflichtungen gegenüber den ärmeren Schichten nicht mehr voll nachkommen kann. Die notwendige staatliche Umverteilung ist so immer schwächer geworden und hat sich teilweise sogar umgekehrt.

Merkels Steuergeschenke für die Reichen

In Merkels Regierungszeit ist über die Steuer- und Haushaltspolitik viel geschehen, damit die wohlhabenden Teile der Gesellschaft in Deutschland besonders gut leben können. So hat seit dem 1. Januar 2009 auch bei Privatanlegern die Kapitalertragssteuer für Kapitaleinkünfte von nur 25 % und damit weit unter dem Spitzensteuersatz grundsätzlich abgeltende Wirkung. Der Spitzensteuersatz selbst wurde 2005 von 45 % auf nur noch 42 % abgesenkt[47]. 2007 wurde dann auf Druck der SPD die Reichensteuer von 3 % eingeführt. Doch die gilt nur für jährliche Einkommen ab 250.000 Euro für Alleinstehende und 500.000 Euro für Verheiratete und nur für die diese Grenzwerte überschreitende Beträge. Der Spitzensteuersatz ist heute einer der niedrigsten in W-Europa[48].

Ausserdem wurde 2009 der Steuersatz auf Gewinne der Kapitalgesellschaften von 38,3 % auf nur noch 29,8 % abgesenkt[49], was einseitig den Kapitaleignern nützt. Nach Finnland erbringen die Unternehmenssteuern in Deutschland mit knapp 5 % nun den kleinesten Anteil aller Vergleichsländer am gesamten Steueraufkommen[50].

Merkels Steuerpolitik reiht sich ein in eine schon längere Tendenz von Steuersenkungen, die besonders den Besserverdienern nützte. So wurde die Vermögenssteuer im Jahr 2000 aufgegeben und wurden die Einnahmen aus vermögensbezogenen Steuern, nämlich Grundsteuer, Erbschaftssteuer, Kapitalverkehrssteuer immer weiter zurückgeführt[51]. In Deutschland werden jedes Jahr schätzungsweise 200 bis 300 Milliarden Euro vererbt oder verschenkt. Das ist mehr als ein Drittel des jährlichen Volumens an Netto-Löhnen. Aufgrund der sehr ungleichen Vermögensverteilung sind diese Vermögenstransfers ähnlich stark konzentriert. Etwa die Hälfte der Transfers liegt unter 50.000 Euro. Transfers über 500.000 Euro erhalten 1,5 % der Begünstigten, auf die aber ein Drittel des gesamten Übertragungsvolumens entfällt. Die 0,08 % der Fälle mit Transfers über fünf Millionen Euro enthalten 14 % des Übertragungsvolumens und gut die Hälfte der Unternehmensübertragungen[52].

Für Unternehmenserben gibt es seit 2008, also in Merkels Zeiten, eine ziemlich einsame deutsche Regelung: Sie zahlen keinerlei Erbschaftssteuer, wenn sie das Unternehmen weiterführen, eine gewaltige Subvention von jährlich 5,8 Mrd. Euro. Die generelle Befreiung von Unternehmenserben stand im Widerspruch zur Bedeutung der Erbschaftssteuer als eines der wenigen staatlichen Instrumente zur Bekämpfung von Ungleichheiten in der Gesellschaft. Deshalb hat das Bundesverfassungsgericht der Bundesregierung im Dezember 2014 aufgegeben, die Befreiung einzuschränken und damit gerechter zu machen. Nach Ansicht des Gerichts war die Privilegierung betrieblichen Vermögens unverhältnismässig, soweit sie über den Bereich kleiner und mittlerer Unternehmen hinausgriff, ohne eine Bedürfnisprüfung vorzusehen.

Im internationalen Vergleich zeichnet sich die deutsche Zurückhaltung bei der Besteuerung von Erbschaften und Vermögen sehr deutlich ab. Nach Österreich und Schweden haben diese Steuern in Deutschland mit äusserst geringen 2,6 % den kleinsten Anteil am gesamten Steueraufkommen[53].

Hinzu kommen schließlich noch die Folgen von Steuerflucht und -vermeidung. Private deutsche Haushalte halten nach einer Schätzung des US National Bureau of Economic Research etwa 16 % der jährlichen deutschen Wirtschaftsleistung auf Konten und anderen Anlagen im Ausland, ein im internationalen Vergleich relativ hoher Anteil[54]. Das muss natürlich nicht alles unversteuert sein, lässt aber ein nicht unerhebliches Potenzial an Steuervermeidung vermuten.

Im Unterschied zu den Steuersenkungen wurde mit Beginn des Jahres 2007 die Mehrwertsteuer drastisch von 16 % auf 19 % erhöht. Sie betrifft alle Einkommen unabhängig von ihrer Höhe und ist damit wesentlich unsozialer als die Einkommenssteuer.

In dieser Situation droht das Steuersystem, zum Bruch unseres Sozialsystems erheblich beizutragen. Die Medien tun dagegen so, als seien die deutschen Steuern besonders hoch. Dass im Gegenteil viele der deutschen Steuern im internationalen Vergleich besonders niedrig sind, wird in der Regel verschwiegen. Vergleiche mit dem bei höheren Steuern wesentlich erfolgreicheren Skandinavien sind ohnehin Anathema. Tatsächlich hat Deutschland im Westeuropa-Vergleich gemessen an der Wirtschaftsleistung mit nur 23 % eine der niedrigsten Steuerquoten und erheblich niedriger als beispielsweise die skandinavischen Länder mit 31 % für Finnland bis 47 % für Dänemark[55].

Die Steuervorfahrt für Reiche hält bei Merkel an: Nach ihrem neuen Steuerkonzept aus dem Wahlprogramm 2017 würde ein Single mit 150.000 Euro Jahreseinkommen, also eher Teil der Besserverdiener, zwischen 2018 und 2021 um insgesamt 5.029 Euro entlastet.

Verarmung des deutschen Staates

Wiederholte Steuersenkungen haben den Staat zunehmend verarmt. Besonders unter den rot-grünen Koalitionen des ersten Jahrzehnts dieses Jahrtausends wurde der deutsche Staat durch sogenannte Steuerreformen wiederholt ausgeraubt. So kam es unter Bundesfinanzminister Hans Eichel insbesondere in den Jahren 2001 bis 2005 im Rahmen der so genannten „Steuerreform 2000" zu massiven Steuersenkungen bei der Einkommen- und Körperschaftsteuer in Kombination mit Erhöhungen des Kindergeldes. Die Folge waren starke negative fiskalische Nettoeffekte. Innerhalb von nur zwei Jahren von (2000-2001) hatten Bund, Länder und Gemeinden durch die Steuersenkungen fast 30 Mrd. Euro an Aufkommensverlusten zu verkraften. Das waren damals knapp 1,4 % des Bruttoinlandsproduktes (BIP). In den Folgejahren wuchsen die Einnahmenausfälle bis 2005 auf über 43 Mrd. Euro (knapp 1,9 % des BIP) an. Dann kam es im Zuge der Konjunkturpakete als Reaktion auf die globale Finanz- und Wirtschaftskrise in den Jahren 2009 und 2010 wieder zu kräftigen Steuersenkungen - zuletzt noch verstärkt durch das umstrittene Wachstumsbeschleunigungsgesetz der 2009 gewählten schwarz-gelben Bundesregierung unter Merkel.

Nach einer Ausarbeitung des Instituts für Makroökonomie und Konjunkturforschung (IMK) der Gewerkschaften vom Juni 2017 waren die finanziellen Auswirkungen der Steuerrechtsänderungen für den deutschen Staat erheblich, wobei zwischenzeitliche Steuererhöhungen berücksichtigt und mit den - quantitativ weitaus bedeutenderen - Steuersenkungen saldiert sind[56].

6. Diskriminierung in Bildung und Mobilität

Deutschland als ein Land mit relativ wenig eigenem Nachwuchs ist sehr darauf angewiesen, ein möglichst gutes und ausreichend finanziertes Bildungssystem bereit zu stellen. Das gilt umso mehr, als nur über eine bessere Bildung die soziale Aufspaltung der Bevölkerung abgefedert werden kann und nun auch noch die Belastung der Schulen durch viel mehr Migrantenkinder hinzukommt. Man muss von „Diskriminierung" reden, wenn gerade die Bildungschancen der ärmeren Bevölkerungskreise beschränkt und die Aufwärtsmobilität behindert wird.

Merkels „schwarze Nullen" im Schulbetrieb

Doch Deutschland hat auch hier zu Merkels von extremer öffentlicher Sparsamkeit geprägten Zeiten gespart und sich an seiner Zukunft und besonders der seines ärmeren Bevölkerungsteils schwer versündigt. Unter den westlichen Mitgliedsländern der OECD zählt Deutschland bei den Ausgaben für Schulen je Schüler zu denen mit den niedrigsten Bildungsausgaben. Dabei wird ausgerechnet an den Grundschulen gespart, wo sich die künftigen Bildungswege entscheiden[57]. Unter 22 Ländern liegt Deutschland auf dem 19. Platz im Verhältnis der Ausgaben an den Grundschulen zu denen an allen Schulen[58]. Es wird also sozialpolitisch genau an der falschen Stelle gespart.

Die Folge ist ein starker Lehrermangel und im internationalen Vergleich an den Grundschulen eine der höchsten Quoten von Schülern zu Lehrern[59]. Der Lehrermangel rächt sich dann derzeit in einem Ausfall von 8 % des Unterrichts (rund 1 Mio. Unterrichtsstunden pro Woche), so der Präsident des Deutschen Lehrerverbandes Meidinger.

Immer mehr Eltern, die sich das leisten können, weichen den Problemen aus und schicken ihre Kinder auf private statt öffentliche Schulen[60].

Der Bildungsaufstieg aus der Elterngeneration zur Generation der Kinder ist weitestgehend abgeblockt: So ist der Anteil der tertiären beruflichen und akademischen Abschlüsse von Menschen, deren Eltern kein Abitur haben, an allen aus der Generation der 25 bis 44 Jahre alten mit knapp 10 % einer der niedrigsten in W-Europa; Dänemark und Finnland kommen vergleichsweise auf über 30 bis fast 40 %[61].

Dann noch das digitale Manko

Alles in Allem ist es ein trauriges Bild, wie Deutschland seit vielen Jahren mit seinen Bildungsproblemen umgeht. Dabei war hier noch gar nicht von dem miserablen baulichen Zustand vieler Schulen die Rede, und schon gar nicht von der digitalen Ausrüstung. So fasst das Handelsblatt eine Bestandsaufnahme im jüngsten „Mint-Nachwuchsbarometer", einer Meta-Studie der Deutschen Akademie der Technikwissenschaften und der Körber-Stiftung unter der Überschrift „Digitaler Notstand an Schulen" zusammen (MINT steht für Mathematik-Informatik-Naturwissenschaften-Technik). Es heisst dort: „Digitale Kompetenz ist in den Schulen noch immer Nebensache. Viele Lehrer haben keine Ahnung oder finden keine passenden Weiterbildungsangebote. Schüler in Deutschland liegen bei den digitalen Kompetenzen im internationalen Vergleich nur im oberen Mittelfeld – von 18 Ländern erreichen sie Platz sechs. Schuld sind die mangelhafte Ausbildung der Lehrer und die fehlende Ausrüstung in den Schulen. Drei von vier Neuntklässlern nutzen zu Hause fast täglich den Computer, aber nur ein Prozent auch in der Schule. Nur jeder fünfte Schüler zwischen sechs und acht Jahren hat regelmässig Unterricht am PC oder nutzt ihn in den Nachmittagsangeboten. Und nur jeder fünfte Lehrer gibt an, dass ihn das Studium auf den Einsatz digitaler Medien vorbereitet habe.

Die Akademie sieht darin einen Grund, warum sich Schüler in Deutschland trotz aller Bemühungen in den vergangenen Jahren nur wenig für einen Mint-Beruf begeistern: Lediglich 15 % der Schüler können sich einen Beruf in diesem Bereich vorstellen, während es in Grossbritannien etwa 29 %, in den USA sogar 38 % sind.

Besonders trübe ist die Situation ausgerechnet in der Berufsschule, die für viele die letzte Möglichkeit bietet, gezielt digitales Wissen zu erlernen, das dann im Beruf ohnehin unverzichtbar ist. Nahezu alle Berufsschullehrer, konkret 94 %, bringen sich ihre digitalen Kompetenzen selbst bei, heisst es im Bericht. Von den Azubis selbst wünscht sich die übergrosse Mehrheit von 85 % einen häufigeren Einsatz digitaler Lernmedien. Doch „das Potenzial, gerade diese Jugendlichen über den Computer für die Inhalte der beruflichen Bildung zu begeistern, wird nicht ausgeschöpft", warnen die Autoren.

Nur Versprechungen?

Im Wahlkampf redeten fast alle Parteien zwar sehr viel von der Digitalisierung und immer wieder von Industrie 4.0. Merkel selbst hielt dazu eine lange Rede auf der CeBIT von 2017. Sie meint, die Digitalisierung würde uns alle irgendwann erreichen und zeigt sich vom langsamen Tempo der Digitalisierung genervt. Ob sie aber die hierfür notwendigen Mittel für die Schulen bereitstellen wird, ist nach bisherigen Erfahrungen zu bezweifeln. Dabei läuft die Zeit weg, denn die Digitalisierung der Industrie läßt längst die der Schulen hinter sich zurück.

7. Eine immer bürgerfernere politische Klasse

Die EU ist bei einem grossen Teil ihrer Bürger sehr unbeliebt geworden. Ihre Strukturen sind undurchsichtig, das Spitzenpersonal oft arrogant, ihre Mitarbeiter zu zahlreich und zu teuer. Zu viele Länder wurden aufgenommen, die eigentlich nicht hineinpassen, zuletzt aus Osteuropa, und Verhandlungen werden mit weiteren, wie am Balkan oder der Türkei, noch geführt, die erst recht nicht hineinpassen. Handelsabkommen, die ein unfaires Dumping begünstigen, oder den Multis das Recht geben, sich in einer privaten Paralleljustiz gegen Gesetze in EU-Ländern zum Schutz ihrer Bürger durchzusetzen, sind zu einem besonders unerfreulichen Markenzeichen der EU geworden. Deutsches Steuerzahlergeld ist am deutschen Parlament vorbei in riesigen Geldtöpfen der Eurozone, die nichts anderes als Schattenhaushalte sind, gelandet.

Doch all das ist nicht vom Himmel gefallen. Gerade die Bundesregierung hat massiv Kompetenzen nach Brüssel verschoben vieles davon in den Merkel-Jahren. Das gilt vor allem für die täuschend als „Rettungsfonds" bezeichneten Geldtöpfe für Griechenland, dessen Schulden nun nach den deutschen Wahlen wahrscheinlich erlassen werden müssen. 2009 wurde das neue Amt eines „Präsidenten des Europäischen Rates" eingeführt, mit dem die meisten Menschen nichts anfangen können, zumal er nicht demokratisch gewählt wurde. Das Europäische Parlament erhielt immer weitergehende Rechte, obwohl seine Mitglieder meist zweitklassige und selbst in ihren Herkunftsländern ziemlich unbekannte Politiker sind.

So wurde immer mehr der nationalen politischen Verantwortung in solche ziemlich anonyme Organisationen fern der betroffenen Bürger übertragen. Damit wurden die Wählerstimmen für nationale Parlamente stark entwertet und wurde gleichzeitig die konkrete Verantwortung für unser aller Schicksal vernebelt. Die Politik in Deutschland machte sich unter dem Vorwand, nur auf Sachzwänge der Globalisierung zu reagieren und Brüsseler Entscheidungen umzusetzen, parteiübergreifend daran, die einst so erfolgreiche Soziale Marktwirtschaft immer weiter abzubauen. Absichtsvoll aufgerissene Grenzen haben zu immer mehr Dumpingkonkurrenz durch unsozial und umweltschädlich hergestellte Waren, einwandernde Billigarbeitskräfte und zuletzt der Zuwanderung eines Millionenheers an Immigranten, die ganz überwiegend reine Wirtschaftsflüchtlinge sind, geführt.

Sehr viele Bürger reagieren darauf, wie auch schon im Vorwort ausgeführt, mit einem frustrierten Rückzug in ihr Privatleben, bleiben den Wahlurnen fern, leiden still vor sich hin und lassen sich oft einreden, dass sie nur selbst an ihrem Schicksal schuld seien. Alle ihre Nachbarn dagegen - so die Message der Medien - lebten gut und gerne im deutschen „Wohlfühlland", in dem Merkel nach eigener Aussage immer alles richtig gemacht hat und das nun in die Verlängerungsrunde von dann schon insgesamt 16 Merkel-Jahren geht. So konnten in Deutschland über die Jahre die Nichtwähler zur stärksten Partei aufsteigen von knapp 9 % 1972 auf 28,5 % 2013, mehr als die führende CDU damals Wähler hatte, und haben vor allem deshalb 2017 abgenommen, weil die AfD ca. 1,5 Mio. Wähler aus dem Lager der bisherigen Nichtwähler hinzugewonnen hat[62]. Das sonst verpönte und in seiner demokratischen Ausrichtung angezweifelte Nichtwählertum wurde 2017 auf einmal salonfähig, falls es sonst einer noch verpönteren Partei seine Stimme geben könnte. Es sind vor allem sozial Benachteiligte, die den Glauben an die Politik in Deutschland verloren haben, wie eine Auswertung der Wahlkreise zur Bundestagswahl von 2013 ergeben hat[63]. Ebenso beteiligen sich Menschen mit niedrigeren Bildungsabschlüssen seltener[64].

Insgesamt baut sich in allen Gesellschaften Europas ein Protestpotenzial immer weiter auf, weil sich sehr viele Menschen hier nicht mehr richtig zu Hause fühlen. Das war schon der Sprengsatz hinter dem britischen Brexit-Votum.

8. Migration und „gibt es noch eine deutsche Kultur"?

Mit ihrer ziemlich einsamen Entscheidung der monatelangen total offenen Grenzen für ein Millionenheer von Migranten hat Merkel nicht nur, möglicherweise rechtswidrig, den Bundestag umgangen (so Andeutungen in einem erst jetzt bekannt gewordenen Gutachten der wissenschaftlichen Dienste des Bundestags), sondern einen dreifachen Schatten über Deutschland geworfen: erstens die Unsicherheit, ob die Integration überhaupt zu schaffen sei, zweitens ein starker Riss zwischen Anhängern und Gegnern ihrer Willkommenspolitik quer durch Familien, Freundes- und Kollegenkreise, besonders seit die Anfangseuphorie stark verebbt ist und Sexualdelikte, andere Formen von Kriminalität und vor allem der Drogenhandel sowie Terrorakte durch Zuwanderer in den Vordergrund der Aufmerksamkeit geraten sind, sowie drittens die Gefahr weiterer Massenimmigration, besonders aus Afrika, nachdem die Migrationswelle von 2015 so erfolgreich war und Abschiebungen, selbst bei erkannten Wirtschaftsflüchtlingen kaum stattfinden.

Ausserdem sind viele gerade der Menschen dauerhaft nach Deutschland gekommen, die in ihren Heimatländern dringend für den Neuanfang gebraucht werden, und deren Fehlen weitere Abwanderung zur Folge haben kann.

Schaffen wir das?

Immer deutlicher wird nun, wie gering das Bildungsniveau eines grossen Teils der Zuwanderer ist und wie schwer es für sie werden wird, Zugang zum deutschen Arbeitsmarkt zu finden. Man erinnert sich nun auf einmal auch daran, dass selbst die grosse Zuwanderung aus der Türkei überwiegend nur zu Parallelgesellschaften in bestimmten Vierteln der Großstädte geführt hat, obwohl die Gastarbeiter seinerzeit sofort Arbeitsplätze fanden und obwohl die türkischen Zuwanderer inzwischen schon in der dritten Generation bei uns leben und sehr oft den deutschen Pass tragen. Man registriert zunehmend, dass gerade muslimische Verhaltensweisen und Familienstrukturen sich sehr stark von den deutschen unterscheiden und dass man deren Integration nicht erzwingen kann. In den Großstädten wachsen zudem Jahr für Jahr Menschen heran, die zu Ausländermehrheiten werden und die oft an den Schulen keine zahlenmässige Entsprechung von Menschen aus dem deutschen Kulturkreis mehr finden.

Nach dem letzten Mikrozensus von 2016 haben Frauen der Jahrgänge 1940/60 mit türkischem Hintergrund in Deutschland im Durchschnitt 3,3 Kinder. Übertragen auf die derzeit 5,8 Mio. Menschen mit Hintergrund aus vorwiegend muslimischen Ländern in Deutschland würde das in nur einer Generation einen Anstieg auf rund 9 Mio. bedeuten, wozu dann noch der in den kommenden Jahren zu erwartende Familiennachzug für die schon Zugewanderten käme und die in den kommenden Jahren zu erwartende weitere Zuwanderung mit ebenfalls muslimischem Hintergrund. Je mehr es werden, umso schlechter werden sie in den verbleibenden deutschen Kulturraum zu integrieren sein, schon weil sich das Zahlenverhältnis vor allem in den Großstädten stark verschieben wird.

Dort lag schon vor vier Jahren in vielen von ihnen der Anteil der Bevölkerung mit Migrationshintergrund bei einem Drittel bis zu fast der Hälfte[65] und unter den Kindern bis drei Jahre schon vor 9 Jahren bis zu 72 % für Frankfurt[66]. Praktisch in allen grösseren deutschen Städten haben schon heute mehr als die Hälfte der Sechsjährigen einen Migrationshintergrund. Eine einfache Modellrechnung auf der Basis des Mikrozensus von 2016 zeigt für das gesamte Land, wie bei der jeweiligen durchschnittlichen Kinderzahl heute auf je 100 Deutschstämmige 30 Menschen mit Migrationshintergrund kommen und deren Zahl in nur drei Generationen selbst ohne weitere Zuwanderung auf 65 gestiegen sein kann.

Im Jahr 2017 fiel eine Aussage der türkischstämmigen Immigrationsbeauftragten der Bundesregierung und Stellvertretenden SPD-Vorsitzenden Özoguz besonders auf, die den stark türkisch geprägten Bundeswahlkreis Wandsbek für die SPD vertritt. In einer Kolumne im Tagesspiegel vom 14. Mai 2017 bestritt sie den Deutschen eine eigene Kultur: „Eine spezifisch deutsche Kultur ist, jenseits der Sprache, schlicht nicht identifizierbar. Schon historisch haben eher regionale Kulturen, haben Einwanderung und Vielfalt unsere Geschichte geprägt. Globalisierung und Pluralisierung von Lebenswelten führen zu einer weiteren Vervielfältigung von Vielfalt." Mit anderen Worten: Die Einwanderung habe bereits eine deutsche Kultur verdrängt. Zwar versuchte sie dann zurückzurudern, doch kam dieser gut überlegte Zeitungsbeitrag nicht von ungefähr. Dabei vergass sie, dass zur deutschen Kultur vor allem schulische Bildung gehört und die Bildungsabschlüsse von Menschen mit türkischem Migrationshintergrund in Deutschland durchschnittlich gerade besonders schlecht sind[67], und bei den türkischen Frauen ganz besonders.

Der Familiennachzug wird zum Problem

Angesichts der Millionen, die - nicht zuletzt wegen der deutschen Einladungsgesten - schon nach Europa gekommen sind und der vielen Millionen, die sich noch vor seinen Toren auf die illegale Einreise vorbereiten, ist jetzt auch der Familiennachzug zum Problem geworden. Selbst im klassischen Flüchtlingsland Schweden haben subsidiär schutzberechtigte Migranten kein Recht auf Familiennachzug mehr. In Dänemark kann Familiennachzug erst nach 11 Jahren stattfinden. In Frankreich hat das Parlament gerade einen Gesetzentwurf für ein härteres Einwanderungsrecht verabschiedet: Der Familiennachzug wird künftig durch Sprachtests und Speichelproben erschwert.

Für Deutschland können dagegen Ehepartner und Kinder von nach Deutschland Zugewanderten, die Asyl oder nur

Aufenthaltsduldung (subsidiärer Schutz) erhalten haben, in der deutschen Botschaft oder dem Konsulat ihres Heimatlandes einen Aufenthaltstitel zum Zwecke des Familiennachzugs beantragen; das gilt auch für Eltern. Kommen Eltern so völlig legal und meist mit dem Flugzeug nach Deutschland, so können sie für ihre zurückgebliebenen minderjährigen Kinder, also die Geschwister der ursprünglich Zugewanderten, ebenfalls den Nachzug beantragen, was am Ende auch Grossfamilien den Nachzug ermöglichen würde, wobei vor allem muslimische Familien besonders kinderreich sind. Dass die Familienmitglieder nicht selbst schon geflüchtet sind, zeigt eigentlich nur, dass die Gefahr für Leib und Leben auch der schon bei uns Angekommenen nicht allzu gross gewesen sein kann. Eigentlich müssten viele der schon Angekommenen als Wirtschaftsflüchtlinge abgeschoben werden, statt ihnen nun auch noch den Familiennachzug zu ermöglichen.

Nach Angaben des Auswärtigen Amts - gestützt auf die von den Botschaften in Syrien und dem Irak beantragten Visa - wurde bisher allein aus diesen zwei Ländern für 200.000 bis 300.000 weitere Immigranten der Familiennachzug beantragt. Die Bundesregierung rechnet inzwischen mit ca. 120 nachzugberechtigen Angehörigen für je 100 Zugewanderte. Aber es können sehr viele mehr werden. Bisher haben etwa 59 % der 1,2 Millionen Zuwanderer aus 2015 und 2016 Asyl oder subsidiären Schutz erhalten bzw. werden ihn noch erhalten[68]. Das ergibt fast eine Million an Familiennachzügen als Mindestgrössenordnung, mit der gerechnet werden muss. Nun hat die Familienzusammenführung mit der Erteilung von Visa ihren Hochlauf angetreten. Von 2015 bis Mitte 2017 sind es schon 230.000, etwas weniger als die Hälfte davon für Syrer und Iraker. Das Personal in den Botschaften wurde erheblich aufgestockt. Bis zum Frühjahr 2018 sollen allein 390.000 Syrer ihre Familien nach Deutschland holen.

Dass der Familiennachzug zu einer dauerhaften Ansiedlung in Deutschland führt, darf angenommen werden. Ganze Familien nach Ende von Kriegen in ihren Heimatländern wieder abzuschieben, dürfte nach allen Erfahrungen kaum möglich sein. Bisher ist der Familiennachzug für Zuwanderer mit nur subsidiärem Schutz lediglich bis April 2018 aufgeschoben. Merkel wollte sich erst nach den Wahlen dazu erklären, versteckte also wahltaktisch ihre Meinung. Deutschland geht in Europa immer noch seinen Sonderweg der Willkommenskultur. Je mehr komplette und überwiegend muslimische Familien nachziehen werden, umso mehr werden in überwiegend muslimischen Vierteln der Großstädte wohnen, dort fast in jeder Hinsicht wie zu Hause leben, mit anderen längst Zugezogenen Wählermehrheiten bilden und in hohen Anteilen die Integration in eine europäisch-deutsche Kultur verweigern.

Das Bildungsdefizit

Nicht überraschend meldet sich kurz vor der Bundestagswahl die ZEIT mit einer „Zahl des Tages" zu Worte, wonach Menschen mit Migrationshintergrund genauso oft Abitur haben sollen wie die ohne diesen Hintergrund. Das ist grob missverständlich oder gar bösartig täuschend, ebenso wie die entsprechende Meldung des statistischen Bundesamts, weil der schnelle Leser das auch auf die neueste Zuwanderung beziehen dürfte. Dabei stammten 2016 70 % der Menschen mit Migrationshintergrund aus Europa oder Amerika und nicht aus muslimischen Ländern. Im Übrigen beruhen die von der ZEIT zitierten Angaben auf Selbstauskünften der Betroffenen und sind daher häufig geschönt. Was die ZEIT verschweigt: Nach dem von ihr für alle Menschen mit Migrationshintergrund zitierten Mikrozensus beträgt der Anteil derer ohne jeden Schulabschluss unter den Personen mit eigener Migrationserfahrung (also nicht in Deutschland geboren) rund 15 %, verglichen mit 1,8 % bei Personen ohne Migrationshintergrund. Besonders hohe Anteile werden bei Menschen aus Afghanistan 39 %, Türkei 39 %, Irak 37 % und Syrien 31 % verzeichnet[69].

40

Noch weit schlechter sieht es bei den berufs-
qualifizierenden Abschlüssen aus. Rund 40 % der Personen
mit eigener Migrationserfahrung haben keinerlei Abschluss,
verglichen mit 14 % bei Personen ohne Migrationshintergrund.
Auch hier liegen die Anteile bei einigen Ländern noch wesentlich höher, besonders Türkei 72 %, Irak 64 %, Kosovo 64 %,
Afghanistan 62 % und Syrien 62 %[70].

Bei der Bildung hatte man sich vom teilweise hohen Bildungsniveau der schon seit 2013 in grösserer Zahl aus Syri-
en angekommenen Flüchtlinge täuschen lassen, das dann
bei denen ab 2015 sehr viel schlechter wurde. Dazu die Ausländerbeauftragte der Bundesregierung im Interview mit der
Financial Times vom Juni 2017: „Es gab eine Veränderung in
der Wahrnehmung. Viele der ersten in Deutschland ankom-
menden syrischen Flüchtlinge waren Ärzte und Ingenieure.
Doch ihnen folgten viele mehr, die keine Ausbildung hatten."
Inzwischen liegen Bildungsdaten zu den arbeitslosen Flücht-
lingen aus dem „Migrationsmonitor Arbeitsmarkt" der Bundesagentur für Arbeit vom August 2017 vor. Danach hatten 22 %
der Arbeitsuchenden gar keinen Schulabschluss und weitere
3 % nur einen Hauptschulabschluss; weitere 23 % machten
keine Angaben zum Schulabschluss, was wohl ebenfalls ein
eher niedriges Bildungsniveau anzeigt. Und die, die keine Arbeit suchten, wurden hier gar nicht erst erfasst.

Probleme am Arbeitsmarkt

Die ersten Flüchtlinge waren kaum über die Grenze gekommen, da brach bei deutschen Bossen bereits der
Willkommensjubel aus. Mercedes-Boss Zetsche erklärte:
„Mehr als 800.000 Menschen in Deutschland aufzunehmen,
ist eine Herkulesaufgabe. Aber im besten Fall kann es auch
eine Grundlage für das nächste deutsche Wirtschaftswunder
werden - so wie die Millionen von Gastarbeitern in den 50er
und 60er Jahren ganz wesentlich zum Aufschwung der Bun-

desrepublik beigetragen haben. Natürlich ist nicht jeder Flüchtling ein brillanter Ingenieur, Mechaniker oder Unternehmer. Aber wer sein komplettes Leben zurücklässt, ist hoch motiviert. Genau solche Menschen suchen sie bei Mercedes und überall in unserem Land. Deshalb müssen Flüchtlinge in Deutschland willkommen geheissen werden. Wer an die Zukunft denkt, wird sie nicht abweisen."

Doch die Wirklichkeit der Integration in den anspruchsvollen deutschen Arbeitsmarkt stellt sich nun nach dem Mikrozensus von 2016 ganz anders dar. Die Erwerbstätigenquoten bei meist sehr einfachen Beschäftigungen liegen relativ niedrig, so bei Personen aus Syrien 10 %, Irak 26 % und Afghanistan 27 %[71]. Die Anteile derer, die von Arbeitslosengeld oder anderer staatlicher Unterstützung leben, sind sehr hoch, bei Syrern fast drei Viertel[72]. Die Ausländerbeauftragte der Bundesregierung rechnet nun bei drei Vierteln der Migranten noch in fünf Jahren mit Arbeitslosigkeit.

Dementsprechend lebt ein hoher Anteil der Personen mit eigener Immigrationserfahrung in Armut. Das sind durchschnittlich 30 % verglichen mit 12 % bei Menschen ohne Migrationshintergrund. Die Anteile steigen bis auf 82 % für Personen aus Syrien, 70 % aus Irak, 69 % aus Afghanistan, 60 % aus Pakistan und 48 % aus Afrika[73].

Auch bei der Integration in den Arbeitsmarkt haben uns die Medien zahlreiche Lügen aufgetischt. So meldete der SPIEGEL im April 2017: „Jeder zweite Flüchtling hat nach fünf Jahren einen Job" heißt es in der Überschrift. Tatsächlich aber hatte sich das Institut für Arbeitsmarkt und Berufsforschung (IAB) bei seiner im SPIEGEL verarbeiteten Untersuchung auf eine ältere Beobachtung früherer Flüchtlinge bezogen, die nach 5 Jahren zu 50 % in Beschäftigung waren. Und die IAB äußerte selbst Zweifel an der Übertragbarkeit der früheren Erfahrung, zumal damals die Immigranten weit stärker vom Balkan kamen: „... könne heute noch nicht abschließend beurteil werden, ob die Entwicklung auch künftig ähnlich wie in der Vergangenheit verlaufen wird."

Ein tiefer Riss durch die deutsche Gesellschaft

Hitler wollte, dass das deutsche Volk untergehe, wenn es sich „seiner nicht würdig erweise". Was er dem deutschen Volk hinterlassen hat, war zwar nicht der Untergang, aber ein Zustand, den die ZEIT in einem Artikel vor mehr als 60 Jahren (Juli 1956, aktualisiert November 2012) als „Volk ohne Geschichte" überschrieb: „Wir blieben am Leben. Freilich, ob das Volk dabei nicht zerbrochen wurde, ob Hitler es nicht doch geschafft hat, die Deutschen aus der Geschichte herauszuwerfen, das muss sich erst noch zeigen."

Das deutsche Volk ist nicht untergangen und wird auch nicht untergehen. Doch quält seitdem - im Zeichen des schrecklichen Mordens unter Nationalsozialismus - einen grossen Teil des Volkes, viele seiner Medien und seine Regierungen über Generationen hinweg ein schlechtes Gewissen und die Sorge, von seinen Nachbarn als ein normales und in dieser Hinsicht möglichst geschichtsloses Volk anerkannt zu werden. Das schlechte Gewissen dürfte auch nicht unerheblich zu der Willkommenskultur beigetragen haben, die in diesem Ausmass alle unsere Nachbarn überraschte und am Ende in ihren Folgen nicht nur Deutschland sondern auch ganz Europa überfordert. Selbst ein so liberales Land wie Dänemark hat jetzt beschlossen, das Umsiedlungsprogramm der UN zu verlassen und nicht länger 500 Flüchtlinge pro Jahr aufzunehmen, wozu es sich schon 1989 verpflichtet hatte.

Deutschland war schon längst vor der Bundestagswahl ein zerrissenes Land, vor allem in seiner sozialen Tektur. Die tiefen Verluste von SPD und CDU/CSU sowie der Aufstieg der AfD als drittstärkste Partei in das deutsche Parlament haben das nur deutlicher gemacht. Der soziale Riss wurde durch Merkels Aufnahme von illegal zugewanderten Migranten in Millionenstärke in doppelter Hinsicht noch dramatisch verstärkt. Einerseits ist für die eigenen deutschen Bürger im unteren sozialen Bereich – und die sind durchaus zahlreich – eine erhebliche Konkurrenz um niedrig qualifizierte Arbeitsplätze, bezahlbaren Wohnraum, Kindergarten- und Schulplätze, soziale Leistungen und vieles mehr entstanden, die echte Sorgen auslöst. Das gilt erst recht, weil gerade diese Bürger, anders als die besser Betuchten, häufig in Nachbarschaft mit Zuwanderern leben. Wer beispielsweise als Deutscher lange Jahre schwer gearbeitet hat, dann arbeitslos wird und wegen seines Alters keinen Arbeitsplatz findet, rutscht nach nur einem Jahr auf Hartz-4-Niveau ab. Wer dagegen als Asylant keine Schul- oder Berufsausbildung und nie gearbeitet hat, bekommt genau die gleiche Versorgung vom deutschen Staat und kann noch seine größere Familie nachholen und auf dem gleichen Niveau versorgen lassen.

Andererseits spricht der deutsche Soziologe Prof. Armin Nassehi in Zusammenhang mit der Flüchtlingspolitik von einem „Kulturkampf". Eine sehr kosmopolitische, moralisch allzu selbstbewusste und selbstgerechte, auch oft mit ökonomischer Potenz gedeckte Gruppe von Modernisierungsgewinnern, die quasi mit links Begriffe wie Kultur, Volk, Nation dekonstruiere, bediene mit einer exzessiven Willkommenskultur ihr eigenes Abgrenzungsbedürfnis gegen kleinbürgerliche Ängste und Enge. Die Flüchtlinge wurden so zu einem Trigger, um mit der Willkommenskultur die Abgrenzung gegen die Globalisierungsverlierer und deren Ausgrenzung zu betreiben. Eine ähnliche Erklärung hat Holger Lengfeld, Professor für Soziologie an der Universität Leipzig, für den der Aufstieg der AfD Teil eines schwelenden Kulturkampfes ist.

Nach einer IPSOS-Umfrage von 2016 sagten schon damals nicht weniger als 38 % der Deutschen, sie fühlten sich im eigenen Lande fremd. Das geht nicht zuletzt von der Konzentration der Migranten in bestimmten Innenvierteln deutscher Großstädte aus. Mit Salzgitter hat jetzt bereits eine dieser Großstädte den Zuzug weiterer Migranten ausgeschlos-

sen. Merkel antwortete jedoch in der Berliner Runde am Wahl-
abend auf Vorhalt eines von Migranten bestimmten Stadtbil-
des: „Ich kann auf der Straße Menschen mit Migrationshintergrund, die deutsche Staatsbürger sind, und solche, die
die deutsche Staatsbürgerschaft nicht haben, nicht unterscheiden", als ginge es nur um den Besitz des deutschen
Passes und gäbe es überhaupt kein Problem. Dabei bräuch-
te sie nur ihren Regierungs-Elfenbeinturm verlassen und einen abendlichen Stadtbummel im Berliner Stadtbezirk Neu-
kölln machen, um sich selbst von den Realitäten zu
überzeugen.

Mit ihrer Flüchtlingspolitik hat Merkel schliesslich den Riss
in der deutschen Parteienlandschaft zu verantworten, der zum
ersten Mal eine rechtspopulistische Partei und gleich als drittstärkste Partei in den Bundestag gebracht hat.

9. Merkels große „Klima-Schau" und mehr

Deutschland spielt sich seit Jahren international als Vorreiter beim Klimaschutz und anderen Umweltthemen auf. Merkel, die einmal als Umweltministerin unter Kohl anfing und sich viel auf ihre naturwissenschaftliche Ausbildung einbildet, tut das auch ganz persönlich auf vielen internationalen Konferenzen. Nicht von ungefähr hat sie das Klimasekretariat der UN nach Deutschland geholt. Leider ist vieles davon nur gekonnte Schau und wird von ihrer tatsächlich in Deutschland und in der EU betriebenen Politik widerlegt. So hat Merkel bisher wenig getan, um den besonders belastenden Einsatz schmutziger Braunkohle in der Kohleverstromung zu stoppen. Noch immer kommt deutscher Strom zu 40 % aus Kohleeinsatz. Infolgedessen warnte das Umweltministerium bereits, Deutschland könnte sein Emissionsziel für 2020 nicht erreichen.

Besonders verhängnisvoll: Deutsche Kohlemeiler pusten nach einer Studie der Umweltorganisation „European Environment Bureau" fünf Tonnen Quecksilber pro Jahr in die Luft. Das sind zwei Drittel des gesamten deutschen Ausstosses, und diese Zahl ist seit Jahren nahezu unverändert. Wegen der grossen Mengen Kohle, die in Deutschland trotz Energiewende weiterhin verbrannt werden, gelangen tausende Kilogramm Quecksilber in anorganischer Form in die Atmosphäre. Nach und nach sinkt es zu Boden und landet in Gewässern. Mikroorganismen wandeln das Element dann in das gesundheitlich besonders gefährliche Methylquecksilber um. Dabei stossen deutsche Kohlekraftwerke rund 21-mal mehr Quecksilber aus als ihre US-Pendants, denn in den USA gelten strenge Grenzwerte und Kraftwerke nutzen dort unter anderem Bromidsalze und Aktivkohle, um Quecksilberverbindungen aus den Abgasen zu holen. Methylquecksilber ist ein Nervengift, das sich besonders gefährlich in Fischen ansammelt.

Treffend titelte der „Tagesspiegel" in einem Kommentar vom November 2016: „Klimakanzlerin außer Dienst" und fügte an: „Der Lack ist ab. 2007 hatte Angela Merkel ihren Klima-Moment. Aber jetzt hat sie Angst vor und um die Autoindustrie." Tatsächlich war Merkel in ihren 12 Jahren als Kanzlerin eher die „Auto- und Kohle-Kanzlerin". Beim Abbau der hohen Belastungen mit Treibhausgasen und dem für die Atemluft besonders schädlichen Stickoxyd ist in Deutschland die Reduktion über die letzten Jahren deutlich abgeflacht und seit etwa 6 Jahren im Stillstand[74]. Merkels und die Nähe ihrer Regierung zu den Bossen der Autoindustrie ist mitverantwortlich für den Dieselskandal, der jetzt mit illegalen Emissionswerten der Fahrzeuge viele Länder und vor allem Deutschland belastet. Immer wieder hat sich die Bundesregierung in der EU ohne Rücksicht auf unsere Gesundheit für hohe Abgasgrenzwerte bei Kraftfahrzeugen eingesetzt. 2013 verhinderte sie einen Brüsseler Kompromiss, den Ausstoss von CO_2 pro Kilometer auf 95 Gramm zu beschränken. Die Kfz-Industrie soll sich mit Spenden an die Politik bedankt haben. Schon 2014 hatte die EU-Kommission der Bundesregierung eine Warnung über zu hohe Abgaswerte von Dieselmotoren geschickt. Die aber blieb ohne Wirkung.

In Europa gibt es derzeit mehr als 100 Mio. Dieselfahrzeuge, doppelt so viele wie im Rest der Welt zusammen. In Deutschland hat der überwiegend dieselangetriebene Individual- und LKW-Verkehr auf der Strasse praktisch Vorfahrt. Die E-Mobilität wurde dagegen weitgehend verschlafen. Und prompt lehnte Merkel die vom Bundesumweltamt jetzt vorgeschlagene Aufgabe der Steuerprämie für Dieselkraftstoff ab. Sie hat stattdessen die Seehofer-Forderung übernommen, wonach der Diesel als Brückentechnologie unverzichtbar ist (muß man ihn deshalb steuerlich auch noch bevorzugen?). Die Merkel-Jahre waren jedenfalls solche eines ständigen, trotz der bekannten Nachteile für die Gesundheit öffentlich geförderten Dieselaufstiegs, seit 2006 praktisch die Hälfte mehr[75]. Dementsprechend liegt die Luftqualität in vielen Großstädten weit über den gesundheitsverträglichen Grenzwerten, wobei Diesel-Pkw rund 50 % der NO2-Emmissionen in den Städten verursachen und vor allem für hohe Feinstaubkonzentrationen verantwortlich sind. Eine in „Nature" veröffentlichte Studie macht den Dieselskandal deutscher und anderer Hersteller wegen der hohen Feinstaubbelastung für jährlich 5,000 zusätzliche Tote allein in Europa verantwortlich, fast 1.000 davon in Deutschland.

Artenvielfalt in Deutschland fast am Ende

In Deutschland ist das Vogelkonzert fast verstummt, bleibt der Sommer weithin ohne Grillenzirpen und Schmetterlings-Torkelflug, so ein Artikel im „SPIEGEL". Fast zwei Drittel der natürlichen Lebensräume sind hierzulande in Gefahr. Um etwa 80 % ist die Biomasse der Fluginsekten mancherorts zurückgegangen. Rund 40 % der Tagfalter sind bedroht, ein Drittel der Ackerwildkräuter wird rar, und knapp drei von vier Vogelarten der offenen Landschaft sind gefährdet oder gar ausgestorben. Ausgerechnet das Land der Naturromantiker verliert seine Vielfalt. „Praktisch alle Tier- und Pflanzengruppen in der Agrarlandschaft sind von einem eklatanten Schwund betroffen", warnt Beate Jessel, Präsidentin des Bundesamts für Naturschutz. Und weiter aus dem Artikel: „Schert die Bauern der Verlust der Artenvielfalt? In der Agrarausbildung spielt Naturschutz immer noch kaum eine Rolle. Traditionell geht es den Landwirten darum, dem Boden den grösstmöglichen Ertrag abzuringen." Die Bundesregierung unterstützt dabei die rücksichtslose Agrarpolitik der EU.

Vor zehn Jahren verabschiedete die damalige schwarz-rote Bundesregierung unter Merkel die „Nationale Strategie zur biologischen Vielfalt". Demnach sollte der Rückgang der Biodiversität bis zum Jahr 2010 gestoppt werden. Sie wurde zum Rohrkrepierer.

10. Merkels Familienpolitik versagt

Es kann eigentlich nicht überraschen, dass die hier beschriebenen Entwicklungen mit dem ständig wachsenden psychischen und materiellen Druck auf die Menschen am Ende auch demographische Folgen zeitigen. So fehlt der Gesellschaft ein ausreichender Nachwuchs und nimmt der Anteil älterer und meist versorgungsbedürftiger Menschen immer mehr zu. Wenn bei der letzten Bundestagswahl bereits etwas über 56 % der Wahlberechtigten 50 und mehr Jahre alt waren und allein 21 % 70 und mehr Jahre, drückt sich das notwendigerweise im Wahlergebnis aus, zumal ältere Menschen häufiger von ihrem Wahlrecht Gebrauch machen als jüngere (so 2013 80 % der 60-70-Jährigen gegenüber nur 62 % der 21-30-Jährigen). Beispielsweise werden die Renten dann wichtiger als die ferneren Zukunftsperspektiven der Gesellschaft. Gerade Merkels CDU bekam 41 % der Stimmen der Über-60-Jährigen, verglichen mit nur knapp 33 % für alle Altersgruppen.

Hinzu kommen die sozialen Auswirkungen. Die neoliberal-kapitalistische Gesellschaft zeigt sich vor allem bei Haushalten mit niedrigeren Einkommen und schiebt dort den Anteil kinderloser Frauen hoch. Der Durchschnitt an Kinderlosigkeit für alle Einkommensgruppen nach Haushalten liegt derzeit für in Deutschland geborene Frauen bereits bei fast 22 %, während im Ausland geborene Frauen einen wesentlich kleineren Anteil von Kinderlosigkeit mit nur rund 11 % aufweisen, also nur halb so hoch[76]. Nach Netto-Einkommen der Haushalte ergeben sich enorme Unterschiede von 41 % für Monatseinkommen unter 900 Euro bis nur knapp 15 % für solche von mehr als 3.600 Euro[77]. Der Kapitalismus bremst also die demographische Entwicklung in absolut unsozialer Weise.

Im Ergebnis wird die gesamte demographische Entwicklung in Deutschland vor allem vom Anteil kinderloser Frauen bestimmt. Deren Anteil lag noch bei den Geburtsjahrgängen um 1937 bei nur 11 %[48]; dass er sich in den letzten Jahren bei hohen 21 % stabilisiert zu haben scheint, feiern Statistisches Bundesamt und die Medien schon als Erfolg. Bei Frauen mit akademischem beruflichem Bildungsabschluss liegt die endgültige Kinderlosenquote im Alter von 45 bis 49 Jahre mit 26 % noch etwas höher.

Über Merkels Regierungsjahre zwischen 2008 und 2016 stieg auch der Anteil der Mütter mit nur einem Kind von 29 % auf 32 %. Besonders gross ist der Unterschied im Anteil von Frauen mit keinem oder nur einem Kind. Hier liegt er bei denen ohne Migrationshintergrund bei etwas mehr als 41 %, bei Frauen mit Migrationshintergrund aus dem Nahen und Mittleren Osten dagegen bei nur 15 % und bei solchen aus der Türkei sogar nur bei knapp 11 %[79]. Das hängt vor allem mit der mangelnden beruflichen Bildung und Berufslosigkeit der Frauen aus dem Nahen und Mittleren Osten und besonders aus der Türkei zusammen, aber auch mit der religiösen Verankerung im Islam, einer Religion, die Kinder vorschreibt.

Kinderlosigkeit unter deutschen Frauen hat sicher viele Ursachen und ist teilweise ungewollt. So ist nach neueren Forschungen ein erheblicher Rückgang der Zahl der Spermien bei Männern der westlichen Industriegesellschaften zu beobachten, was weitere Fragen zur Entwicklung der Zivilisation aufwirft. Eine gerade veröffentlichte Studie stellt einen gleichmässigen Rückgang zwischen 1973 und 2011 von zusammen fast 60 % fest[80]. Ein solcher Rückgang kann trotz dieses Ausmasses bisher die Fruchtbarkeit der Männer nicht wesentlich beeinträchtigen, ist aber ein Warnsignal. Bisher gibt es nur Mutmassungen zu den Ursachen und warum nur Männer aus Nordamerika, Europa und Australien betroffen sind.

Jedenfalls fällt auf, wie verhängnisvoll wirkungslos die Familienpolitik der Merkel-Jahre, die angeblich die Demographie ankurbeln sollte, geblieben ist. Die Geburtenziffer bei deutschen Müttern stieg seit 2005 nur von 1,3 auf 1,4 - verglichen mit 2,0 für ausländische Mütter.

Nachwort

Es ist ein verstörendes Bild von 12 Merkel-Jahren. Auch der Autor ist davon bedrückt, nachdem er dessen Teile zusammengetragen hat. Wie ist es möglich, dass die Medien ein so ganz anderes Bild von Deutschland und seiner Kanzlerin verbreiten, als die nackten statistischen Daten aus meist amtlichen Quellen vermitteln? Kann es wirklich sein, dass die wirtschaftliche Lage für 84 % der Deutschen gut oder gar sehr gut ist, wie uns der ARD-Deutschlandtrend weismachen will (siehe Abbildung)? Ist es nur die Unruhe um Deutschland herum, von Nordkorea über Trump bis in den Nahen Osten, die Deutschland im Bewusstsein seiner Bürger als Insel der Seligen erscheinen lässt? Warum merkt man nicht wenigstens, wie der Merkelkurs von verordnetem, aber täuschendem Wohlgefühl Deutschland um einen Teil seiner Zukunft bringt?

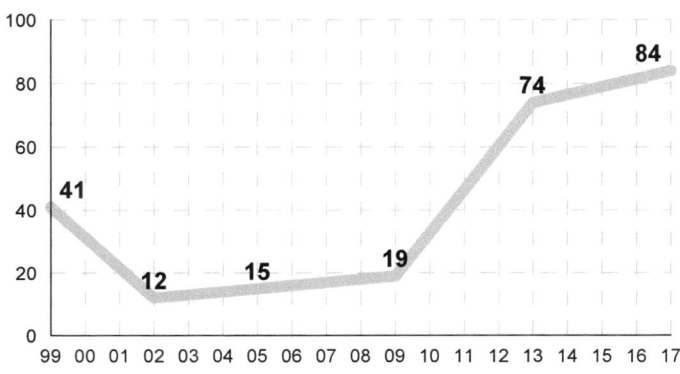

ARD Deutschlandtrend - Antworten "Die wirtschaftliche Lage ist gut" in %

Quelle: ARD-Deutschlandtrend. © Jahnke - http://www.jjahnke.net

Dabei verrät die herrschende politische Klasse alles andere als Selbstbewusstsein und Stolz auf ihre Leistung. Eine Zehnprozent-Partei versetzt sie in gewaltige Unruhe und muß dazu herhalten, das traurigste und unmenschlichste Kapitel der deutschen Vergangenheit mahnend aufzuschlagen. Selbst Nichtwähler werden auf einmal zur Gefahr für die Republik, als gehörten sie selbst zu den „ewig Gestrigen". Man muß sich nur den dringenden Wahlaufruf des Bundespräsidenten vom Tag der Wahl 2017 ansehen: „Gehen Sie zur Wahl! Überlassen Sie Ihre Stimme nicht anderen. Denn: Wer nicht wählt, lässt nur andere über die Zukunft unseres Landes entscheiden. Vielleicht war nie so spürbar wie jetzt, dass es in Wahlen auch um die Zukunft der Demokratie und die Zukunft Europas geht. Es geht bei dieser Wahl um viel. Wenn Sie wählen, geht es um das, was Ihnen wichtig ist. Wenn Sie nicht wählen, entscheiden andere. Heute ist Bundestagswahl. Jede Stimme zählt – Ihre Stimme zählt. Daher bitte ich Sie: Gehen Sie heute zur Wahl. Stärken Sie unsere Demokratie!". Das liest sich, als wären Deutschland und seine Demokratie, um die uns so viele andere Völker beneiden, in höchster Gefahr. Und Justizminister Maas schärfte uns ein: „Nichtwählen ist Wahlkampfhilfe für die AfD". Es ist, als wären wir Kinder, die man an die Hand nehmen muss.

Hat die politische Klasse des Landes sich mit der Willkommenskultur für schwer oder kaum Integrierbare und dann nicht Abschiebbare in Millionenstärke so verrannt und überhoben, dass nun die Kritiker ständig mit der Nazi-Keule behandelt werden müssen?

Ich habe nicht gewählt. Keine der Parteien hat mich diesmal überzeugt. Nicht zu wählen ist auch ein demokratisches Recht. Bin ich deshalb eine Gefahr für mich selbst, für Deutschland, für Europa, für die Demokratie und vielleicht die ganze Welt?

Abbildungen

1₁₉₄₉₁: Mittleres Gesamt-Vermögen in der Eurozone nach EZB in Tausend Euro 2014

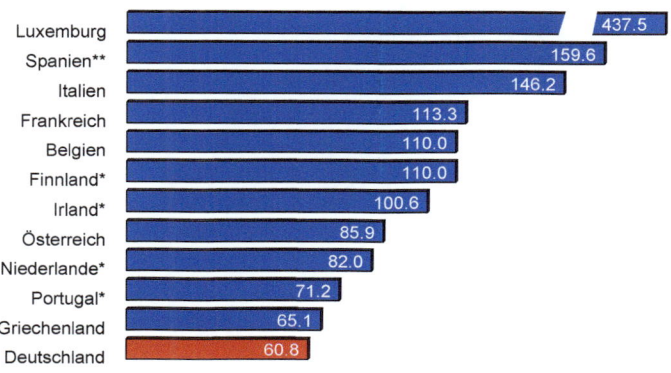

Quelle: EZB, The Household Finance and Consumption Survey: results from the second wave, Dez. 2016, *) 2013, **) 2011. © Jahnke - http://www.jjahnke.net

2₁₉₈₂₉: Netto-Geldvermögen pro Kopf (in Tsd. Euro)

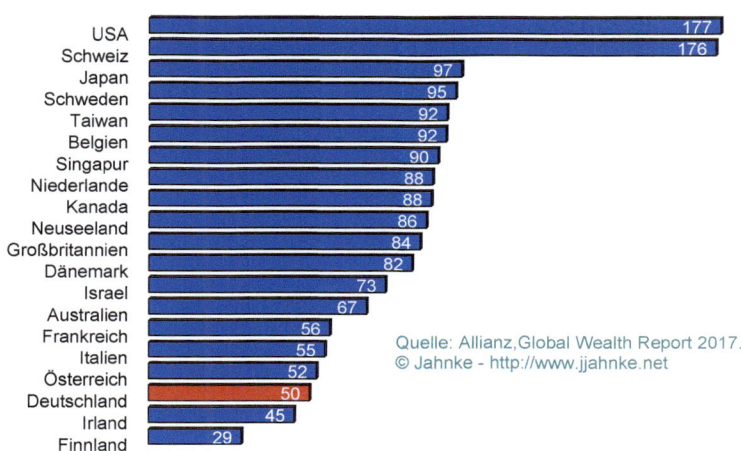

Quelle: Allianz,Global Wealth Report 2017.
© Jahnke - http://www.jjahnke.net

3.17366: In Arbeit Arme*) in W-Europa (% der Arbeitnehmer 2015)

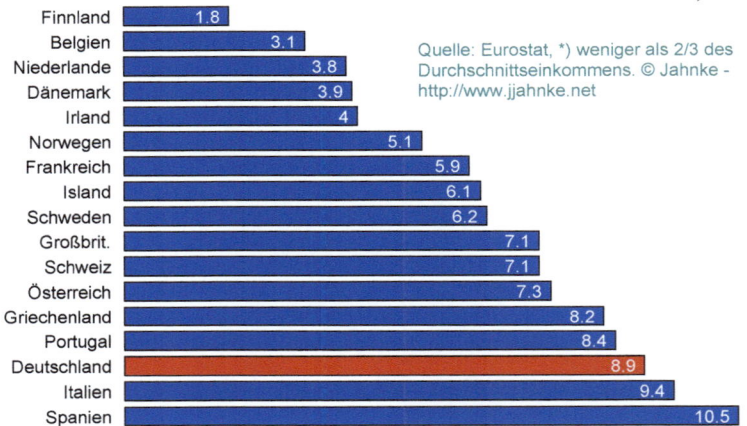

Quelle: Eurostat, *) weniger als 2/3 des Durchschnittseinkommens. © Jahnke - http://www.jjahnke.net

4.19823: Brutto- Rentenniveau im Verhältnis zum letzten Arbeitseinkommen (halbes Durchschnittseinkommen), Modellrechnung per 2059, W-Europa

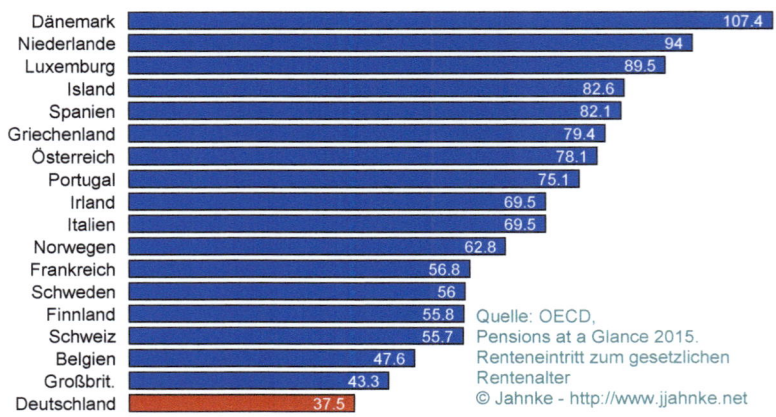

Quelle: OECD, Pensions at a Glance 2015. Renteneintritt zum gesetzlichen Rentenalter © Jahnke - http://www.jjahnke.net

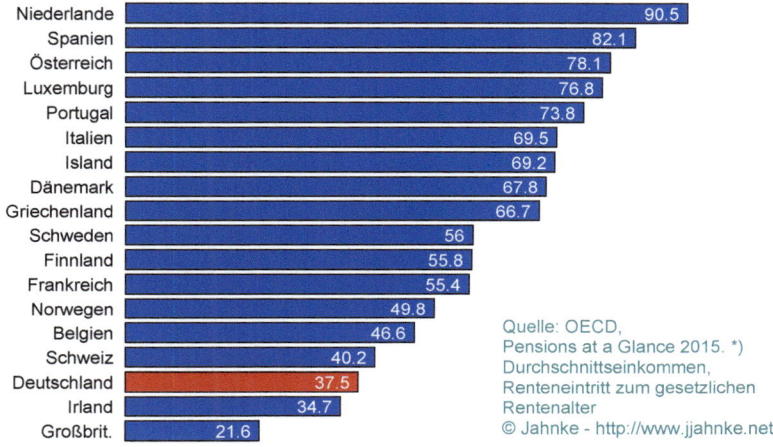

5₁₉₈₂₂: Brutto-Rentenniveau im Verhältnis zum letzten Arbeitseinkommen*) Modellrechnung per 2059, W-Europa

Niederlande	90.5
Spanien	82.1
Österreich	78.1
Luxemburg	76.8
Portugal	73.8
Italien	69.5
Island	69.2
Dänemark	67.8
Griechenland	66.7
Schweden	56
Finnland	55.8
Frankreich	55.4
Norwegen	49.8
Belgien	46.6
Schweiz	40.2
Deutschland	37.5
Irland	34.7
Großbrit.	21.6

Quelle: OECD, Pensions at a Glance 2015. *) Durchschnittseinkommen, Renteneintritt zum gesetzlichen Rentenalter
© Jahnke - http://www.jjahnke.net

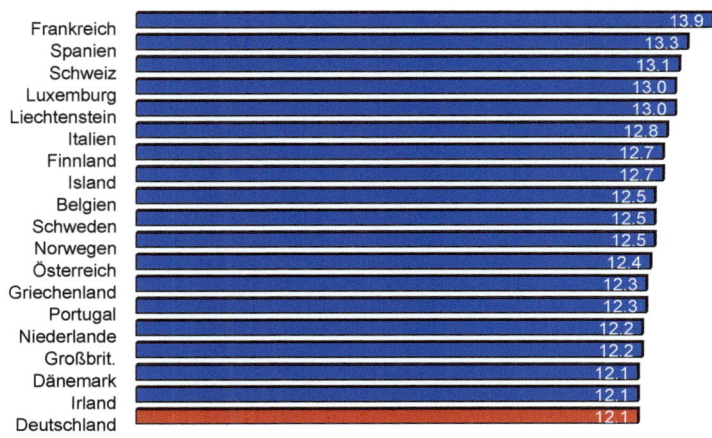

6₁₉₈₂₄: Lebenserwartung im Alter von 75 Jahren, West-Europa 2015

Frankreich	13.9
Spanien	13.3
Schweiz	13.1
Luxemburg	13.0
Liechtenstein	13.0
Italien	12.8
Finnland	12.7
Island	12.7
Belgien	12.5
Schweden	12.5
Norwegen	12.5
Österreich	12.4
Griechenland	12.3
Portugal	12.3
Niederlande	12.2
Großbrit.	12.2
Dänemark	12.1
Irland	12.1
Deutschland	12.1

Quelle: Eurostat. © Jahnke - http://www.jjahnke.net

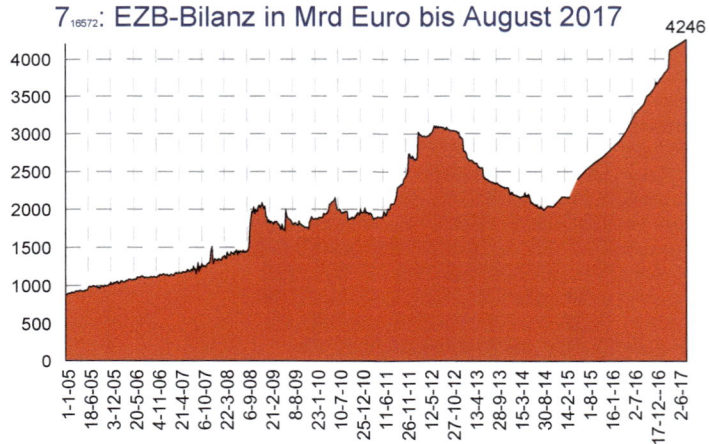

7₁₆₅₇₂: EZB-Bilanz in Mrd Euro bis August 2017

8₁₉₆₂₇: Arbeitslosenquoten in Deutschland und Frankreich
seit Einführung des Euros 2002

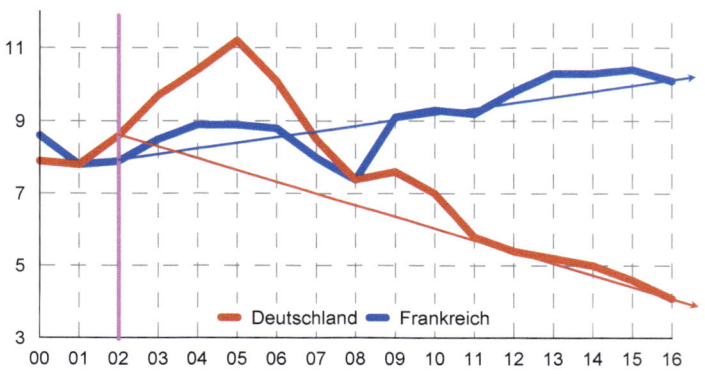

56

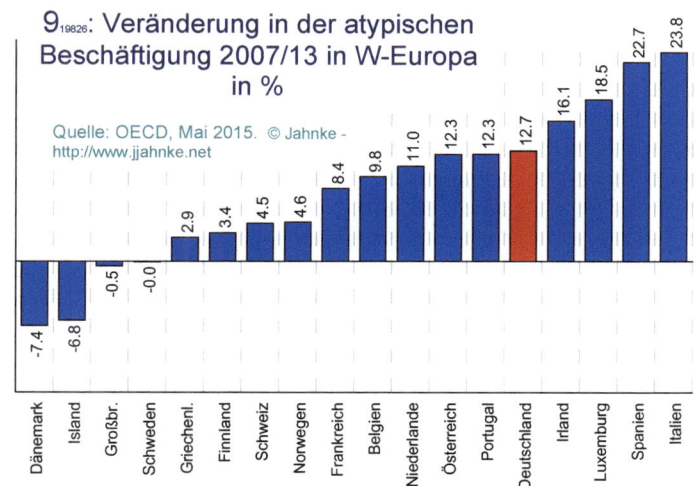

9₁₉₈₂₆: Veränderung in der atypischen Beschäftigung 2007/13 in W-Europa in %

Quelle: OECD, Mai 2015. © Jahnke - http://www.jjahnke.net

10₁₇₄₃₃: Atypischer Arbeitszeiten der Arbeitnehmer 2016 in %

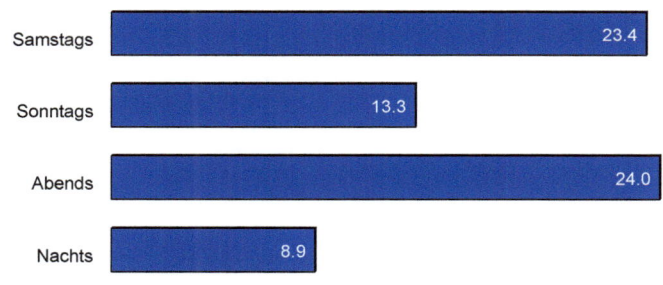

Quelle: Statistisches Bundesamt. © Jahnke - http://www.jjahnke.net

11₁₄₉₈₆: Sozialversicherungspflichtig Beschäftigte mit Nebenjob in Mio

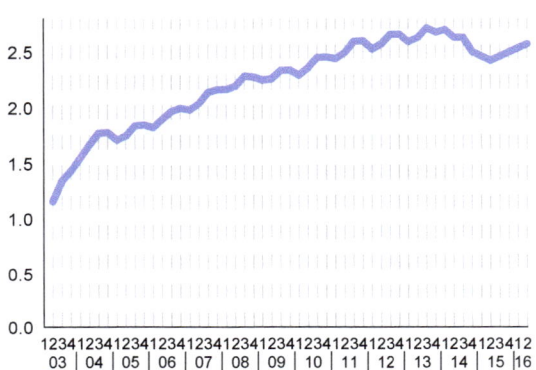

Quelle: Bundesagentur für Arbeit. © Jahnke - http://www.jjahnke.net

12₁₉₈₁₂: Arbeitsintensität - Umfrage zur psychischen Gesundheit in der deutschen Arbeitswelt (mit "häufig" beantwortet von % der Befragten)

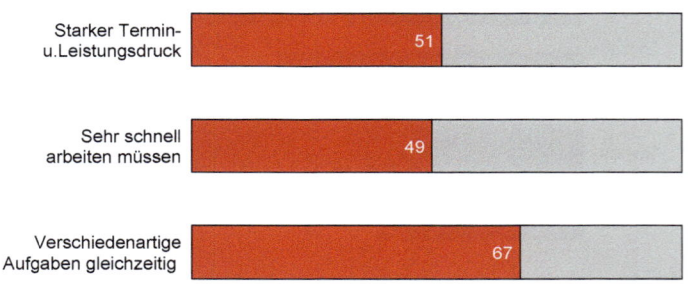

Quelle: Bundesanstalt für Arbeitsschutz und Arbeitsmedizin 2017. © Jahnke - http://www.jjahnke.net

13.14792: Entwicklung der Arbeitsunfähigkeit durch psychische Erkrankungen, AOK-Mitglieder

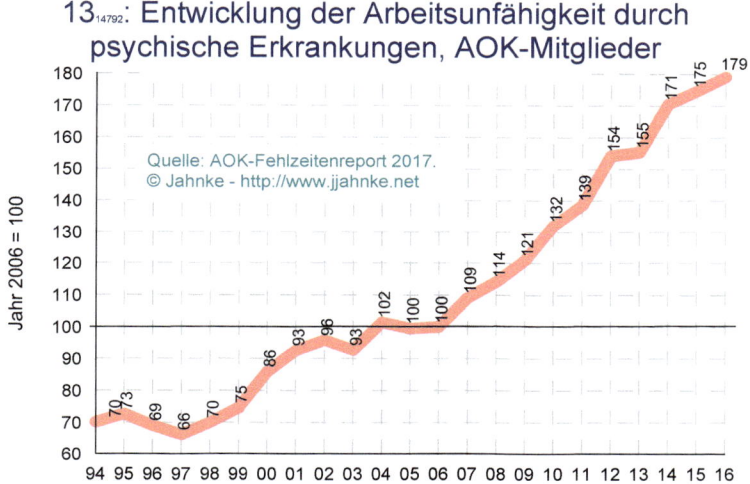

Quelle: AOK-Fehlzeitenreport 2017.
© Jahnke - http://www.jjahnke.net

14.18923: Entwicklung der Häufigkeit von Krankenhausentlassungen bei Diagnose psychische und Verhaltensstörungen in Deutschland

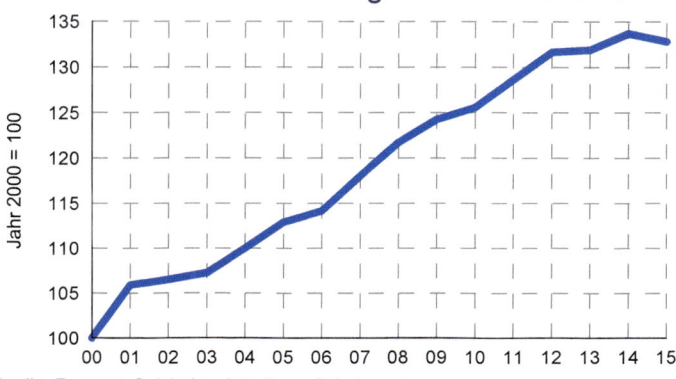

Quelle: Eurostat. © Jahnke - http://www.jjahnke.net

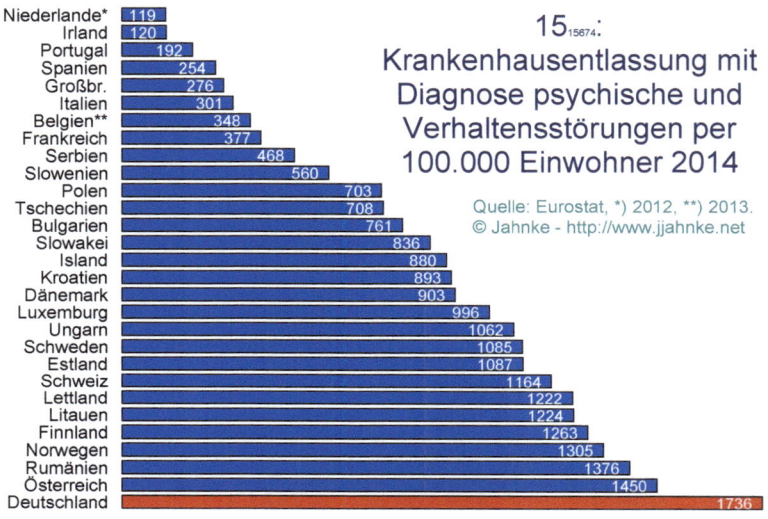

15₁₅₈₇₄:
Krankenhausentlassung mit
Diagnose psychische und
Verhaltensstörungen per
100.000 Einwohner 2014

Quelle: Eurostat, *) 2012, **) 2013.
© Jahnke - http://www.jjahnke.net

Niederlande*	119
Irland	120
Portugal	192
Spanien	254
Großbr.	276
Italien	301
Belgien**	348
Frankreich	377
Serbien	468
Slowenien	560
Polen	703
Tschechien	708
Bulgarien	761
Slowakei	836
Island	880
Kroatien	893
Dänemark	903
Luxemburg	996
Ungarn	1062
Schweden	1085
Estland	1087
Schweiz	1164
Lettland	1222
Litauen	1224
Finnland	1263
Norwegen	1305
Rumänien	1376
Österreich	1450
Deutschland	1736

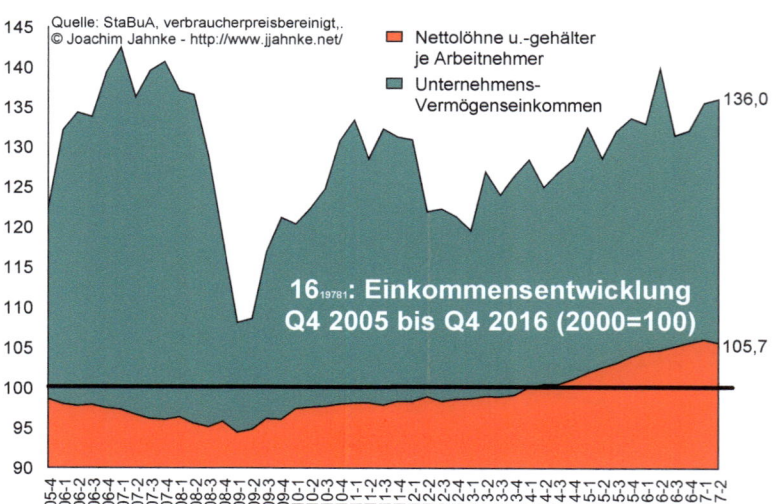

16₁₉₇₈₁: Einkommensentwicklung
Q4 2005 bis Q4 2016 (2000=100)

Quelle: StaBuA, verbraucherpreisbereinigt,.
© Joachim Jahnke - http://www.jjahnke.net/

Nettolöhne u.-gehälter je Arbeitnehmer
Unternehmens-Vermögenseinkommen

136,0
105,7

17₁₉₇₈₅ Einkommensverhältnis oberstes Fünftel zu unterstem 2005-2015 in %

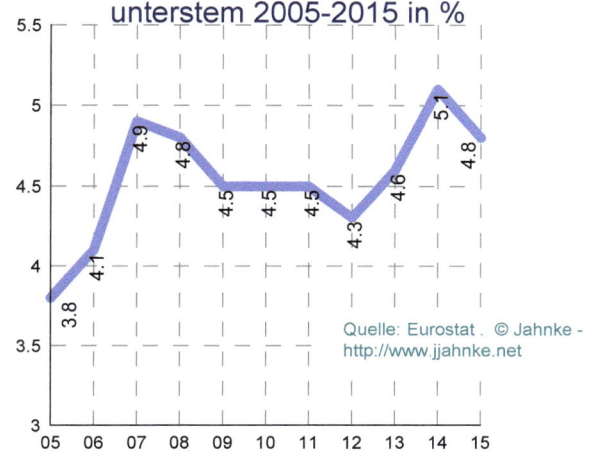

Quelle: Eurostat . © Jahnke - http://www.jjahnke.net

18₁₉₅₉₃: Einkommensentwicklung Veränderung gegenüber 1991 in %

Quelle: DIW Berlin, *) verfügbares Einkommen. © Jahnke - http://www.jjahnke.net

19₁₉₂₀₂: Branchentarifbindung der Betriebe in Deutschland

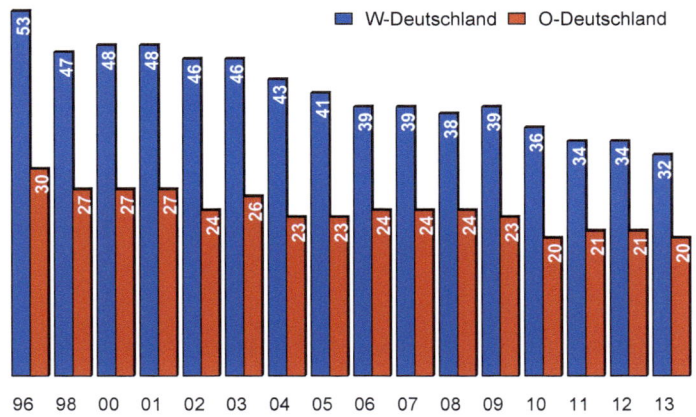

■ W-Deutschland ■ O-Deutschland

Quelle: IB-Betriebspanel. © Jahnke - http://www.jjahnke.net

20₁₉₅₁₀: Arbeitskosten/Stunde Privatwirtschaft in Euro 2016

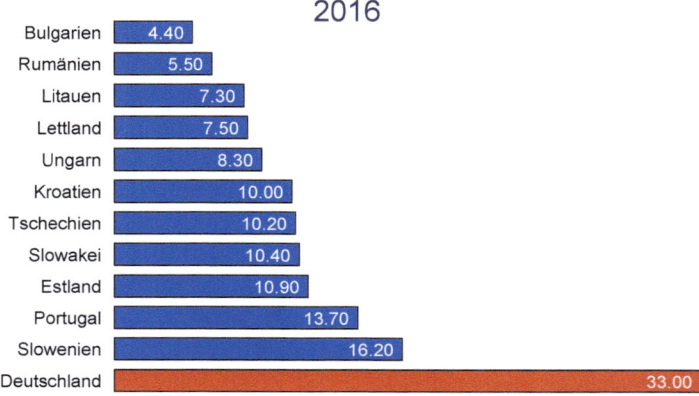

Quelle: Eurostat, © Jahnke - http://www.jjahnke.net

21₁₉₈₀₅: Zahl der Ausländer aus Osteuropa* 2010/16

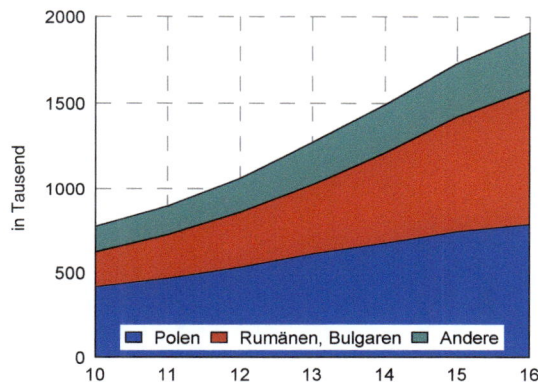

Quelle: Statistisches Bundesamt, *) Polen, Rumänen, Bulgaren, Slowaken, Tschechen, Slowenen, Ungarn.

22₁₈₇₃₃: Entwicklung der Brutto-Monatsverdienste von Vollzeit-beschäftigten nach Leistungsgruppen im Verhältnis zum Durchschnitt

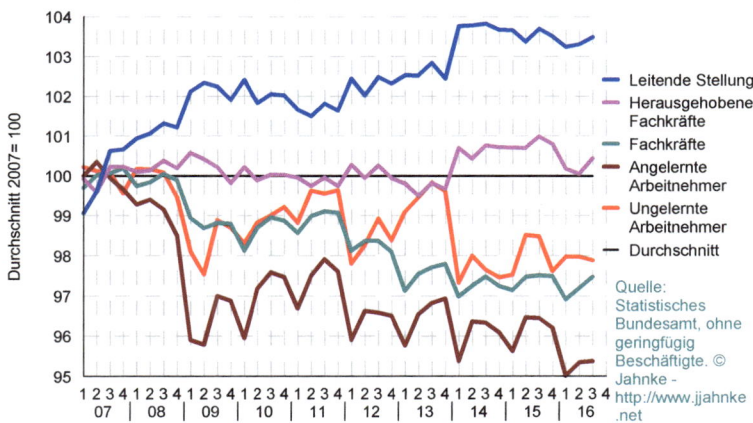

63

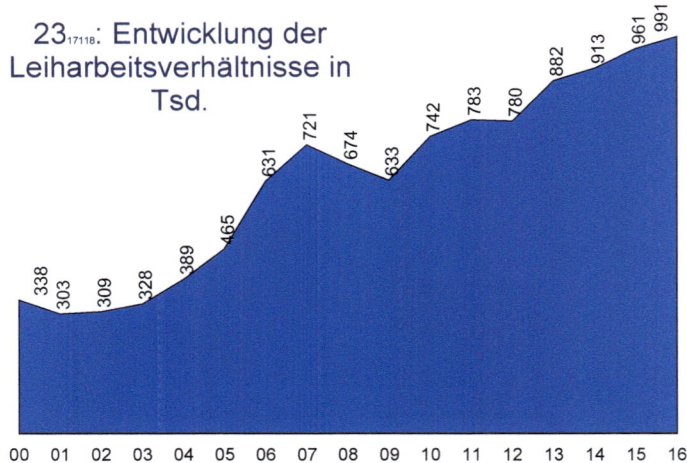

23₁₇₁₁₈: Entwicklung der Leiharbeitsverhältnisse in Tsd.

Quelle: Sozialpolitik aktuell, ab 2011 Bundesagentur und Eurostat. © Jahnke - http://www.jjahnke.net

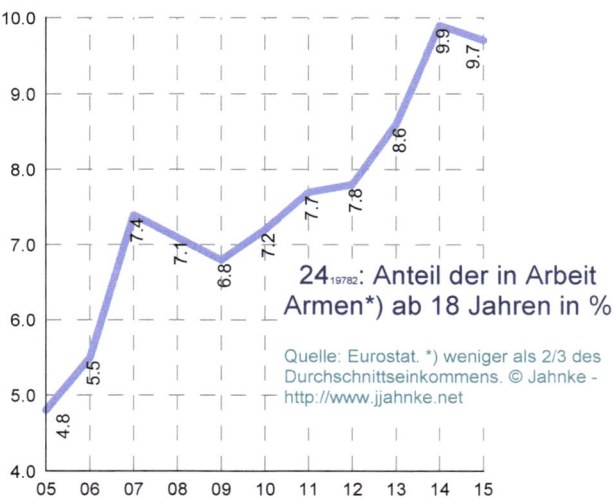

24₁₉₇₈₂: Anteil der in Arbeit Armen*) ab 18 Jahren in %

Quelle: Eurostat. *) weniger als 2/3 des Durchschnittseinkommens. © Jahnke - http://www.jjahnke.net

25₁₉₇₈₃: Entwicklung der Erwerbsarmut in W-Europa 2005 -2015 in %

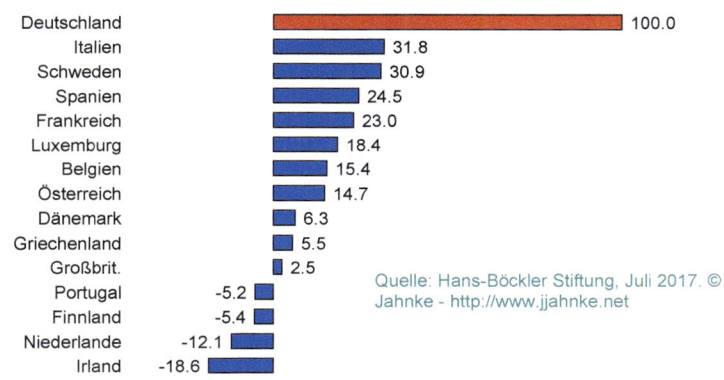

Quelle: Hans-Böckler Stiftung, Juli 2017. ©
Jahnke - http://www.jjahnke.net

26₁₉₁₄₅: Mindestlöhne in Westeuropa in Euro/Stunde 2017

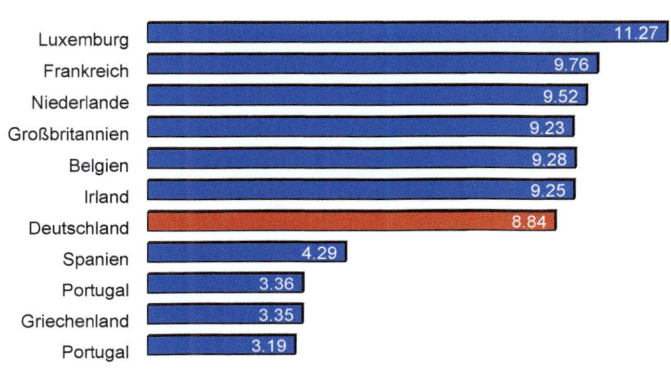

Quelle: Statista. © Jahnke - http://www.jjahnke.net

27₁₉₇₈₇: Lohndiskriminierung der Frauen in %

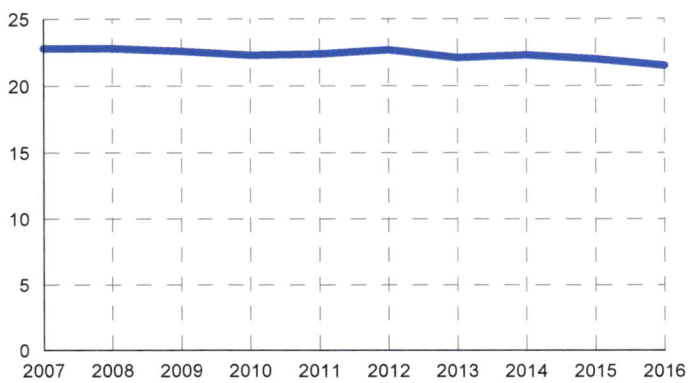

Quelle: Statistisches Bundesamt. © Jahnke - http://www.jjahnke.net

28₁₄₂₂₄: Geschlechtspezifischer Lohnunterschied W-Europa 2015 in %

Quelle: Eurostat, *) 2014. © Jahnke - http://www.jjahnke.net

Land	%
Italien	5.5
Belgien	6.5
Irland*	13.9
Schweden	14.0
Spanien	14.9
Norwegen	14.9
Dänemark	15.1
Frankreich	15.8
Niederlande	16.1
Finnland	17.3
Island	17.5
Schweiz	17.7
Portugal	17.8
Großbr.	20.8
Österreich	21.7
Deutschland	22.0

66

29₁₉₈₀₄: Entwicklung der Beschäftigung in Deutschland 2005-2016

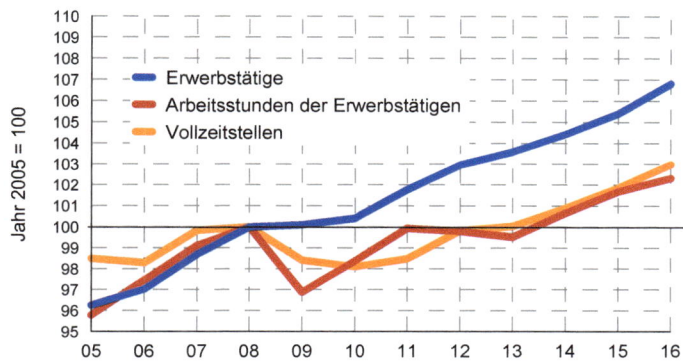

Quelle: Statistisches Bundesamt, IAB. © Jahnke - http://www.jjahnke.net

30₁₉₈₂₅: Entwicklung der Produktivität pro Stunde in USD KKE

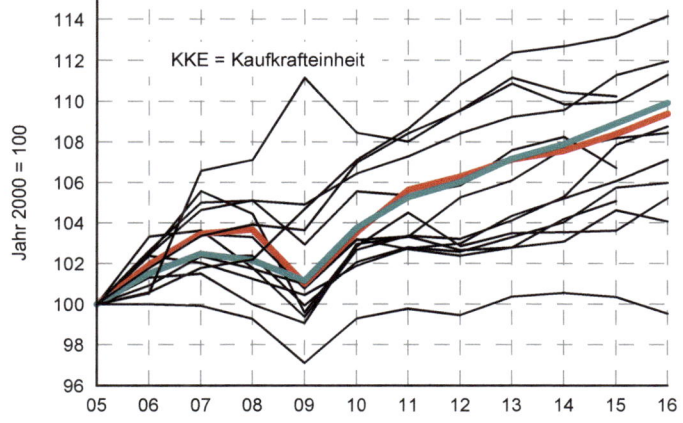

Quelle: OECD, grün Eurozone, in rot Deutschland. © Jahnke - http://www.jjahnke.net

31₁₉₇₈₄: Armutsentwicklung 2005-2015 in %

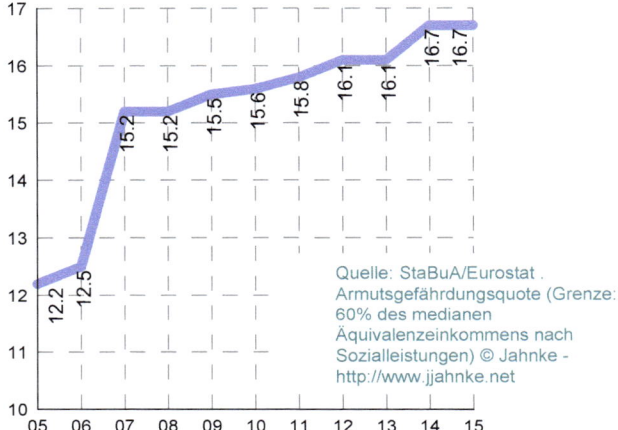

Quelle: StaBuA/Eurostat . Armutsgefährdungsquote (Grenze: 60% des medianen Äquivalenzeinkommens nach Sozialleistungen) © Jahnke - http://www.jjahnke.net

32₁₉₇₈₆: Entwicklung der Kinderarmut in Deutschland 2005-2015 nach Zahl der betroffenen Kinder unter 6 Jahren

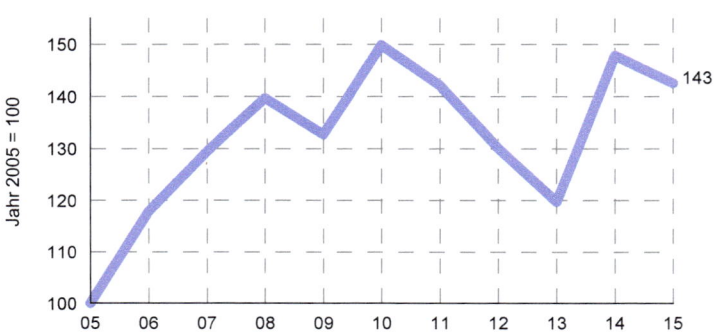

Quelle: Eurostat . Armutsgefährdungsquote (Grenze: 60% des medianen Äquivalenzeinkommens nach Sozialleistungen). © Jahnke - http://www.jjahnke.net

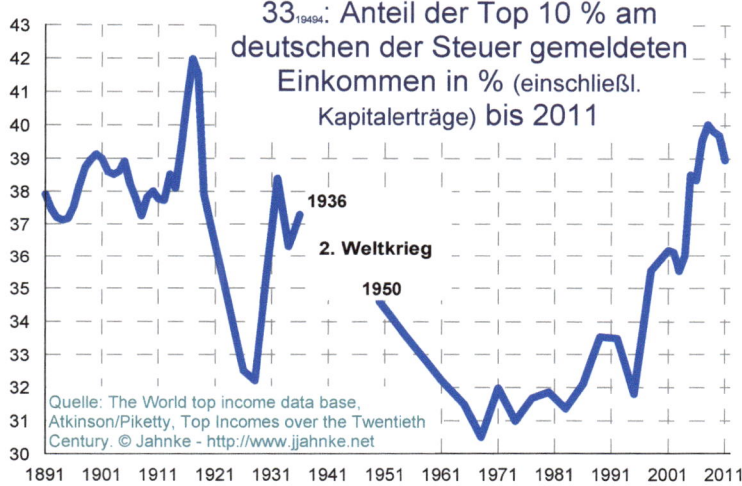

33.19494: Anteil der Top 10 % am deutschen der Steuer gemeldeten Einkommen in % (einschließl. Kapitalerträge) bis 2011

1936

2. Weltkrieg

1950

Quelle: The World top income data base, Atkinson/Piketty, Top Incomes over the Twentieth Century. © Jahnke - http://www.jjahnke.net

34.19709: Anteile am Nettovermögen und Netto-Einkommen der privaten Haushalte im Jahr 2014

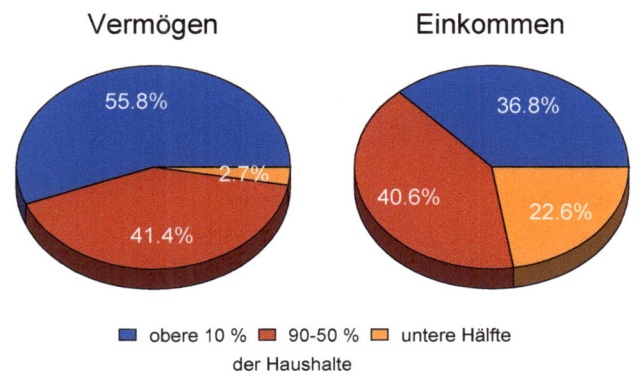

Vermögen

Einkommen

obere 10 % 90-50 % untere Hälfte
der Haushalte

Quelle: Bundesbank, Monatsbericht März 2016. © Jahnke - http://www.jjahnke.net

35₁₉₆₁₉: Verteilung des Nettovermögens nach Haushalten

Deutschland   Eurozone ohne Deutschland

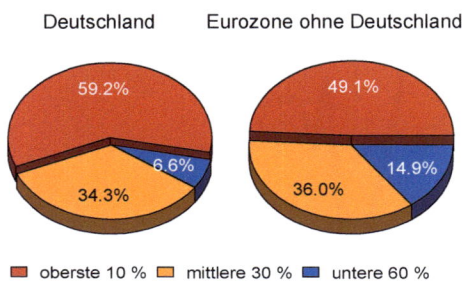

■ oberste 10 % ☐ mittlere 30 % ■ untere 60 %

Quelle: EZB, The Eurosystem Household Finance and Consumption Survey, 8.4.13.
© Jahnke - http://www.jjahnke.net

36₁₉₆₁₄: Verteilung des deutschen Nettovermögens nach Haushaltsgruppen (in %) und Durchschnittsvermögen in 1.000 Euro 2014

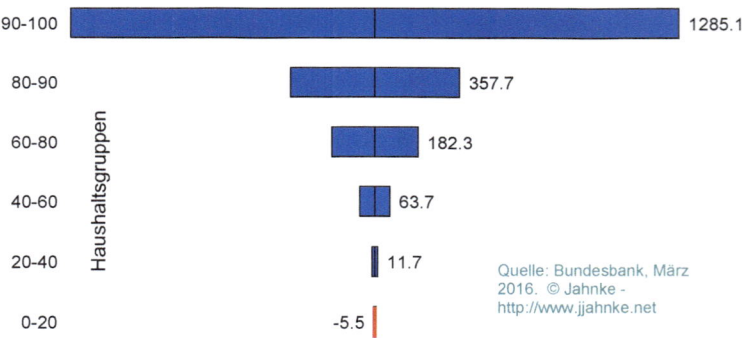

Quelle: Bundesbank, März 2016. © Jahnke - http://www.jjahnke.net

37[18089]: Durchschnittliches Vermögen des vom Einkommen her obersten Zehntels der Haushalte als Vielfaches des untersten Fünftels

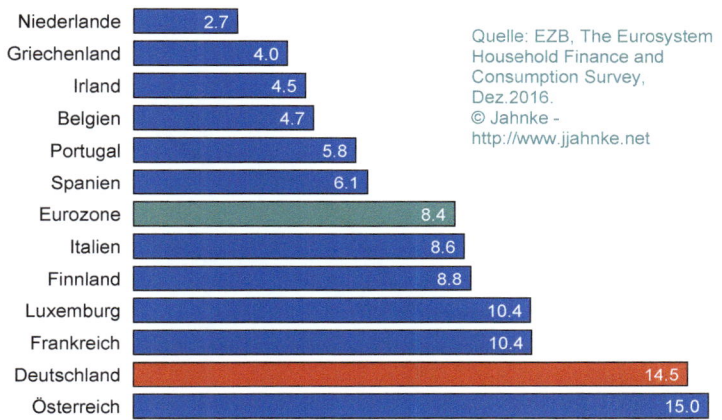

Quelle: EZB, The Eurosystem Household Finance and Consumption Survey, Dez.2016.
© Jahnke - http://www.jjahnke.net

38[19830]: Gini-Verteilung Geldvermögens westl. Industrieländer

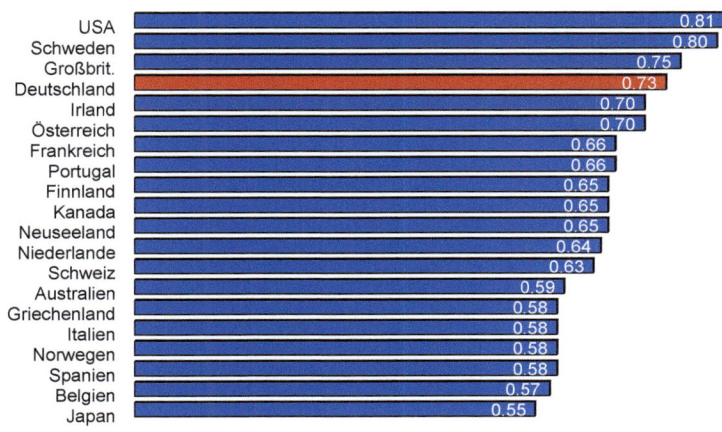

Quelle: Allianz,Global Wealth Report 2017. © Jahnke - http://www.jjahnke.net

39₁₉₈₀₁: Entwicklung der Ausgaben privater Haushalte und der Wirtschaftsleistung

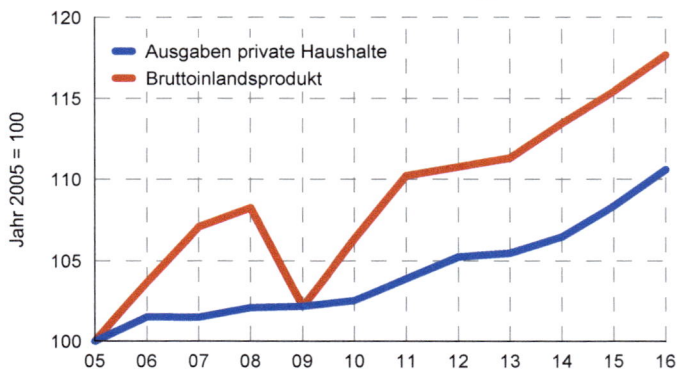

Quelle: Statistisches Bundesamt. © Jahnke - http://www.jjahnke.net

40₁₉₇₈₈: Rentenniveau in % des durchschn. Jahresarbeitsentgelts 2005-2016

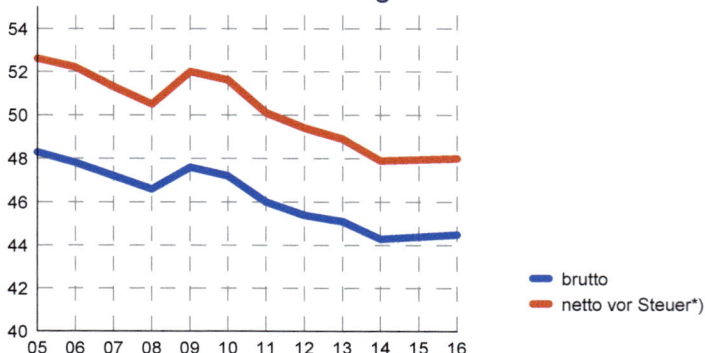

Quelle: Deutsche Rentenversicherung, 2014, *) Regelaltersrente gemindert um den allgemeinen Beitragsanteil sowie den durchschnittlichen Zusatzbeitrag zur Krankenversicherung und den Beitrag zur Pflegeversicherung. **) Ankündigung des BMAS vom 28. Sep. 2016. © Jahnke - http://www.jjahnke.net

41₁₉₇₈₉: Empfänger von Grundsicherung im Alter in Tsd.

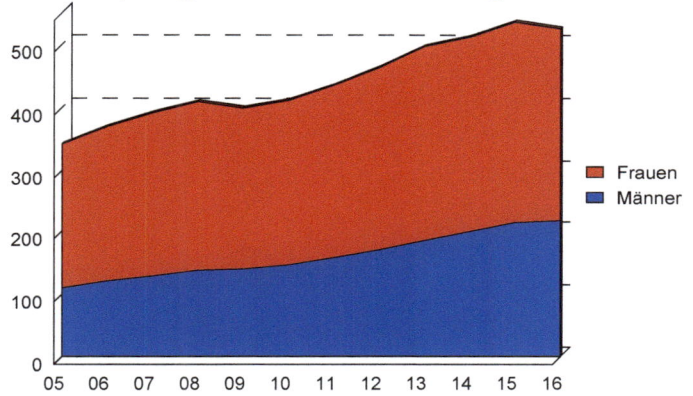

Quelle: Statistisches Bundesamt. © Jahnke - http://www.jjahnke.net

42₁₇₈₆₄: Rentenschichtung in % der monatlichen Zahlbeträge alte Bundesländer Ende 2014

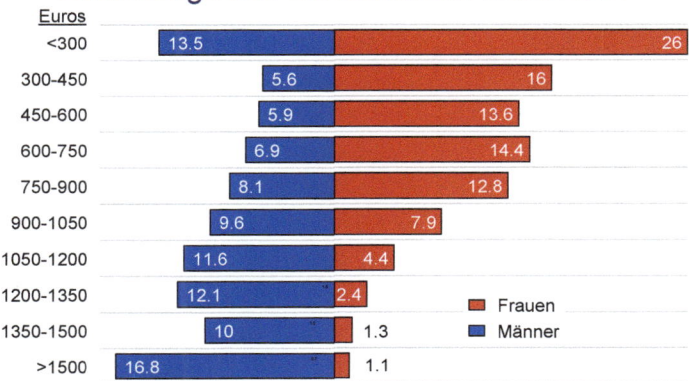

Quelle: Deutsche Sozialversicherung, Renten wegen Alters und verminderter Erwerbsfähigkeit. © Jahnke - http://www.jjahnke.net

43₁₉₇₉₃: Entwicklung der Haushaltsnettoeinkommen sowie der Kauf- und Mietpreise in den Top-7-Städten

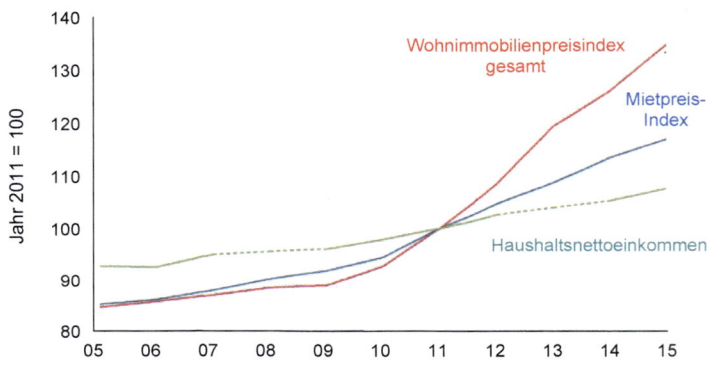

Quelle: Prognos, Studie Wohnungsbautag 2017. © Jahnke - http://www.jjahnke.net

44₁₉₇₉₀: Öffentliche Ausgaben für Schulbildung und Verkehrsinfrastruktur in % BIP

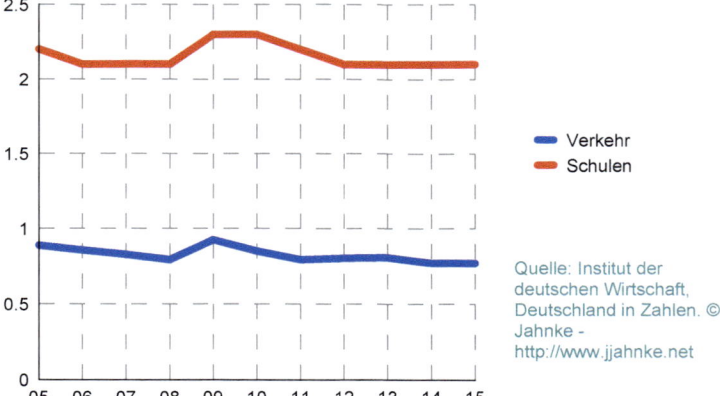

Quelle: Institut der deutschen Wirtschaft, Deutschland in Zahlen. © Jahnke - http://www.jjahnke.net

45₁₉₇₅₆: Einkommensverhältnis oberstes zum untersten Fünftel (unter 65 Jahre)

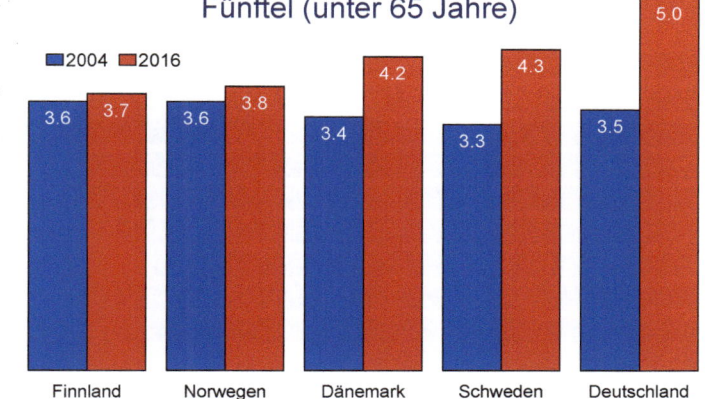

Quelle: Eurostat, für Deutschland 2000 und 2015. © Jahnke - http://www.jjahnke.net

46₁₉₇₅₄: GINI-Koeffizient der Einkommensverteilung (100=totale Ungleicheit, 0=totale Gleichheit)

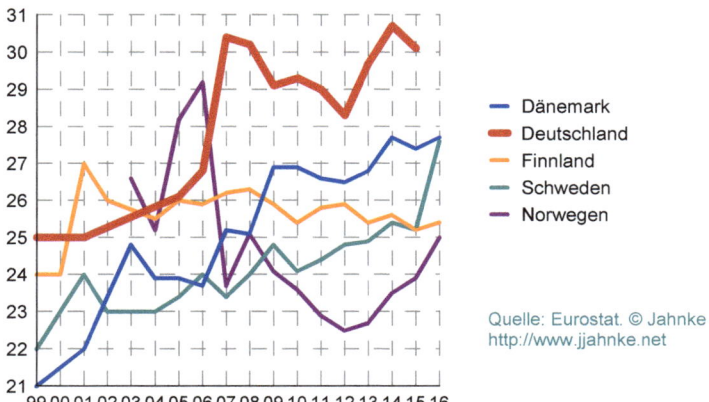

Quelle: Eurostat. © Jahnke - http://www.jjahnke.net

47₁₄₆₅₈: Deutscher Spitzensteuersatz (mit 3 % Reichensteuer ab 2009)

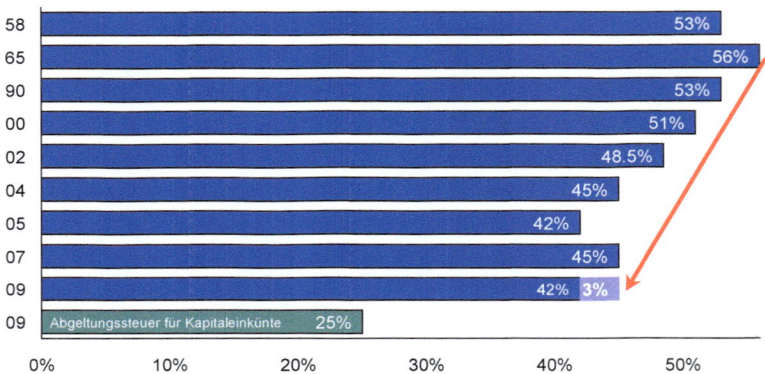

Quelle: BMF. © Joachim Jahnke - http://www.jjahnke.net/

48₁₃₅₃₉: Spitzensteuersätze in W-Europa 2016

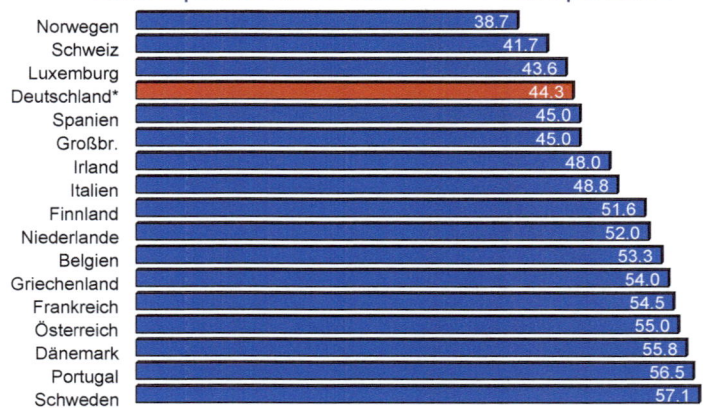

Quelle: OECD. *) ohne 3 % Reichensteuer ab 250.000/500.000 Jahreseinkommen.
© Jahnke - http://www.jjahnke.net

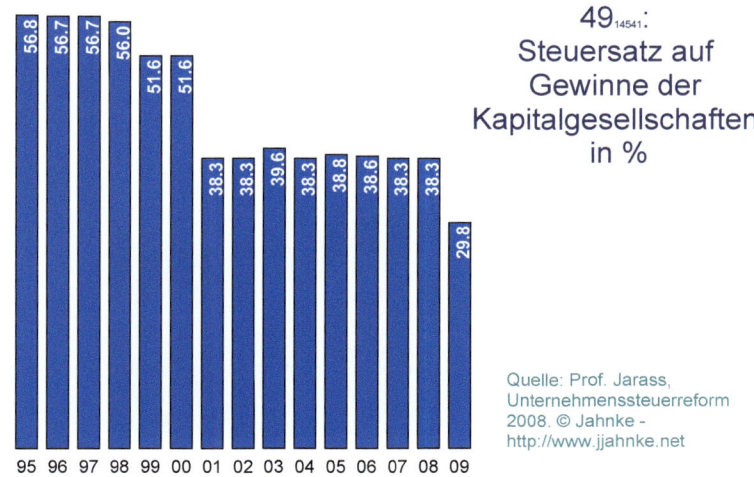

49₁₄₅₄₁:
Steuersatz auf
Gewinne der
Kapitalgesellschaften
in %

Quelle: Prof. Jarass,
Unternehmenssteuerreform
2008. © Jahnke -
http://www.jjahnke.net

50₁₉₇₃₆: Anteil der Unternehmenssteuern an den gesamten Steuereinnahmen 2014 in %

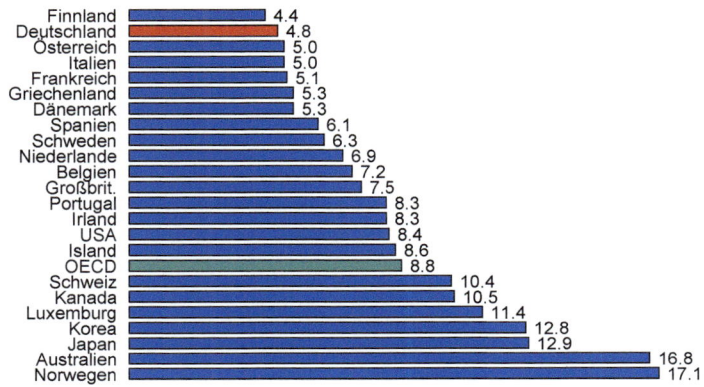

Quelle: OECD. © Jahnke - http://www.jjahnke.net

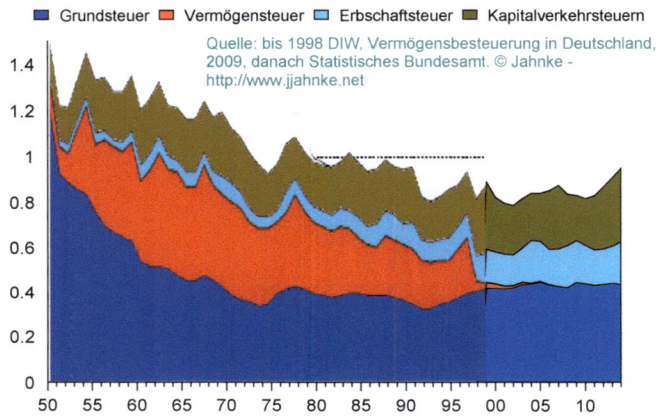

51[14719]: Aufkommen vermögensbezogener Steuern in Deutschland in % BIP

Quelle: bis 1998 DIW, Vermögensbesteuerung in Deutschland, 2009, danach Statistisches Bundesamt. © Jahnke - http://www.jjahnke.net

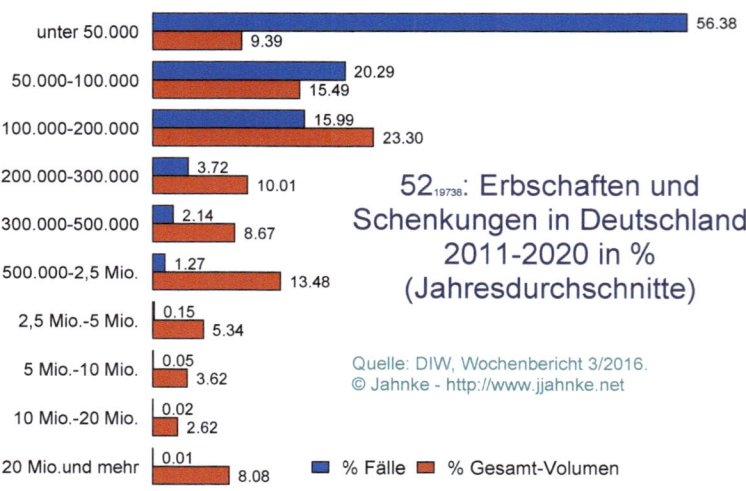

52[19738]: Erbschaften und Schenkungen in Deutschland 2011-2020 in % (Jahresdurchschnitte)

Quelle: DIW, Wochenbericht 3/2016. © Jahnke - http://www.jjahnke.net

53₁₉₇₃₇: Anteil der Vermögens und Erbschaftssteuern an den gesamten Steuereinnahmen 2014 in %

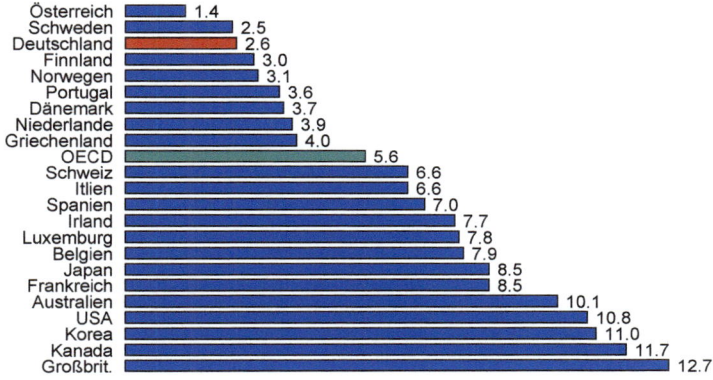

Quelle: OECD. © Jahnke - http://www.jjahnke.net

54₁₉₈₁₅: Im Ausland geparkter Reichtum privater Haushalte 2007 in % Wirtschaftsleistung des jeweiligen Landes

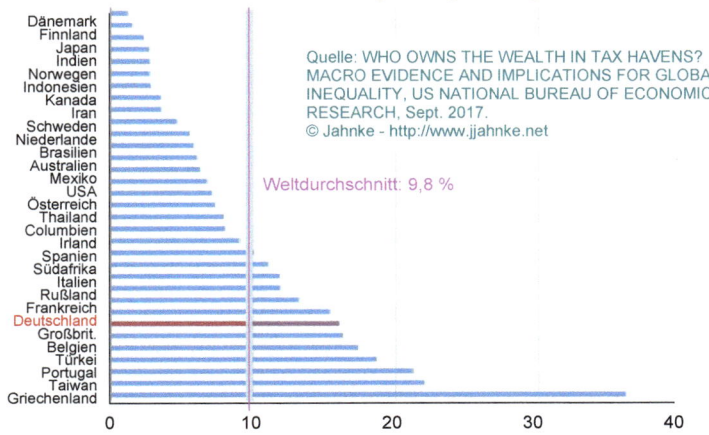

55₁₂₄₃₄: Steuerquoten in Westeuropa 2015

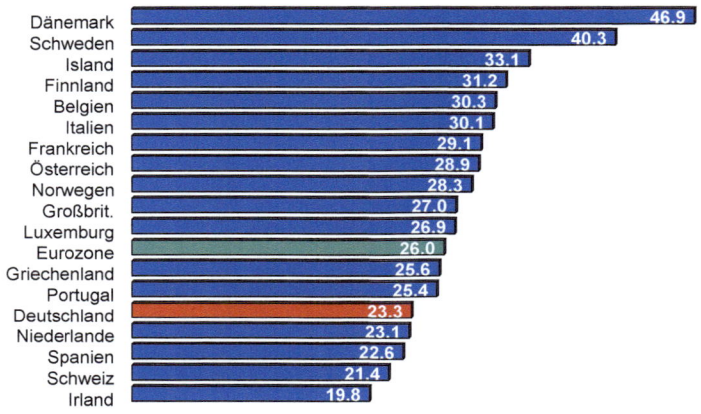

Dänemark	46.9
Schweden	40.3
Island	33.1
Finnland	31.2
Belgien	30.3
Italien	30.1
Frankreich	29.1
Österreich	28.9
Norwegen	28.3
Großbrit.	27.0
Luxemburg	26.9
Eurozone	26.0
Griechenland	25.6
Portugal	25.4
Deutschland	23.3
Niederlande	23.1
Spanien	22.6
Schweiz	21.4
Irland	19.8

Quelle: Eurostat. © Jahnke - http://www.jjahnke.net

56₁₉₇₃₄: Gesamtstaatliche finanzielle Auswirkungen von Steuerrechtsänderungen durch die verschiedenen Regierungskoalitionen seit 1998 in Mrd. Euro

Quelle: IMK Policy Brief · Juni 2017. © Jahnke - http://www.jjahnke.net

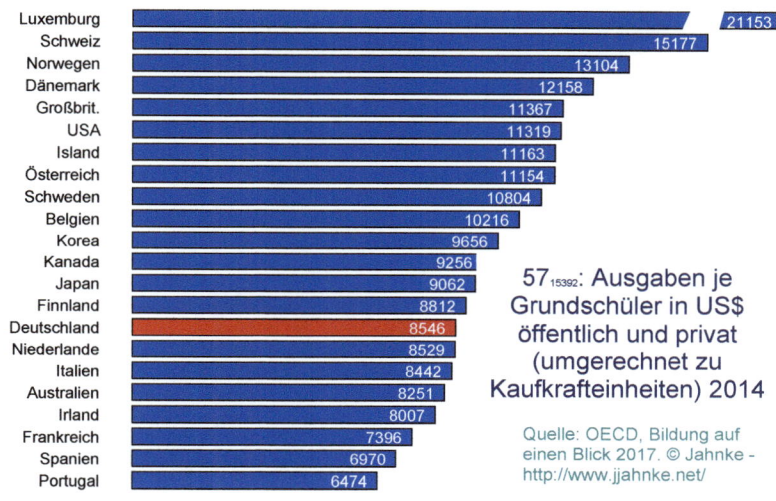

Luxemburg 21153
Schweiz 15177
Norwegen 13104
Dänemark 12158
Großbrit. 11367
USA 11319
Island 11163
Österreich 11154
Schweden 10804
Belgien 10216
Korea 9656
Kanada 9256
Japan 9062
Finnland 8812
Deutschland 8546
Niederlande 8529
Italien 8442
Australien 8251
Irland 8007
Frankreich 7396
Spanien 6970
Portugal 6474

57₁₅₃₉₂: Ausgaben je Grundschüler in US$ öffentlich und privat (umgerechnet zu Kaufkrafteinheiten) 2014

Quelle: OECD, Bildung auf einen Blick 2017. © Jahnke - http://www.jjahnke.net/

Island 52.6
Dänemark 52.5
Schweiz 50.3
Luxemburg 49.5
Schweden 48.8
Italien 48.6
Korea 48.3
Großbrit. 47.7
USA 46.6
Norwegen 46.4
Finnland 45.9
Japan 45.8
Spanien 45.0
Belgien 43.8
Irland 42.9
Australien 42.8
Österreich 42.5
Portugal 42.3
Deutschland 42.2
Kanada 42.0
Niederlande 40.7
Frankreich 38.5

58₁₉₈₂₇: Ausgaben je Grundschüler in US$ öffentlich und privat (umgerechnet zu Kaufkrafteinheiten) 2014 in Prozent aller Ausgaben für Schulen

Quelle: OECD, Bildung auf einen Blick 2017. © Jahnke - http://www.jjahnke.net/

59₁₃₈₀₆: Zahl der Schüler pro Lehrer in der Grundschule 2014

Quelle: OECD, Bildung auf einen Blick 2016, © Jahnke - http://www.jjahnke.net/

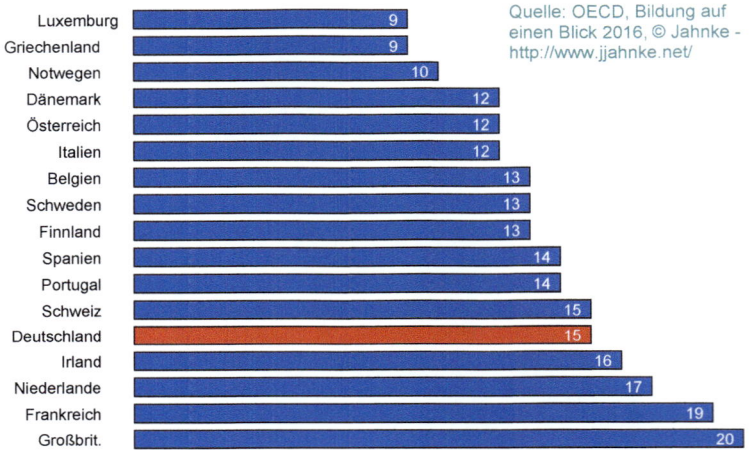

Luxemburg	9
Griechenland	9
Norwegen	10
Dänemark	12
Österreich	12
Italien	12
Belgien	13
Schweden	13
Finnland	13
Spanien	14
Portugal	14
Schweiz	15
Deutschland	15
Irland	16
Niederlande	17
Frankreich	19
Großbrit.	20

60₁₉₇₉₆: Entwicklung der Schülerzahl an allgemeinbildenden Schulen nach Trägerschaft

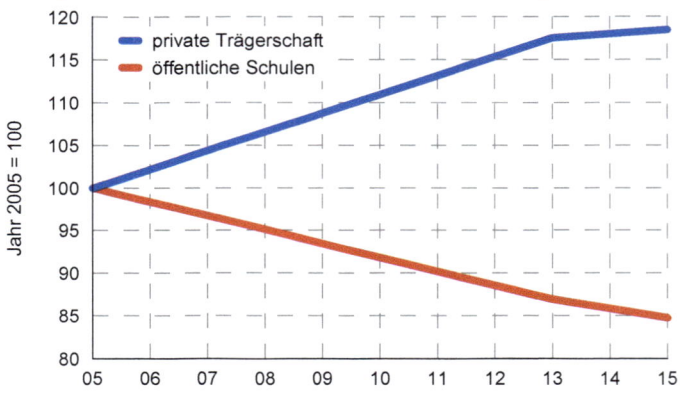

Quelle: Bildungsberichte. © Jahnke - http://www.jjahnke.net

82

61[19797]: Anteil der tertiären beruflichen und akademischen Abschlüsse unter 25 bis 44 Jahre Alten, deren Eltern kein Abitur haben, 2015

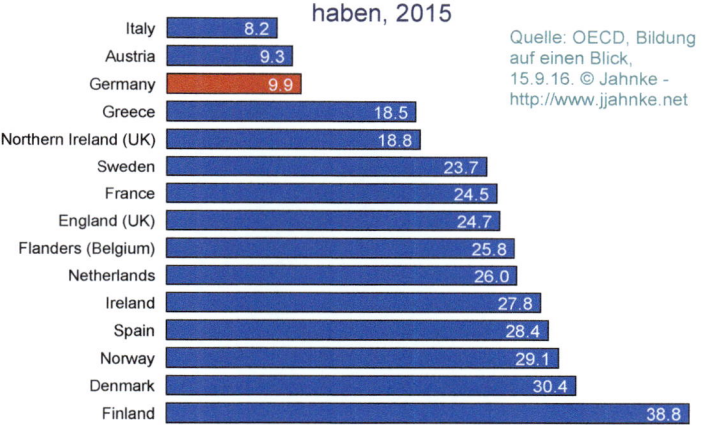

Quelle: OECD, Bildung auf einen Blick, 15.9.16. © Jahnke - http://www.jjahnke.net

Italy	8.2
Austria	9.3
Germany	9.9
Greece	18.5
Northern Ireland (UK)	18.8
Sweden	23.7
France	24.5
England (UK)	24.7
Flanders (Belgium)	25.8
Netherlands	26.0
Ireland	27.8
Spain	28.4
Norway	29.1
Denmark	30.4
Finland	38.8

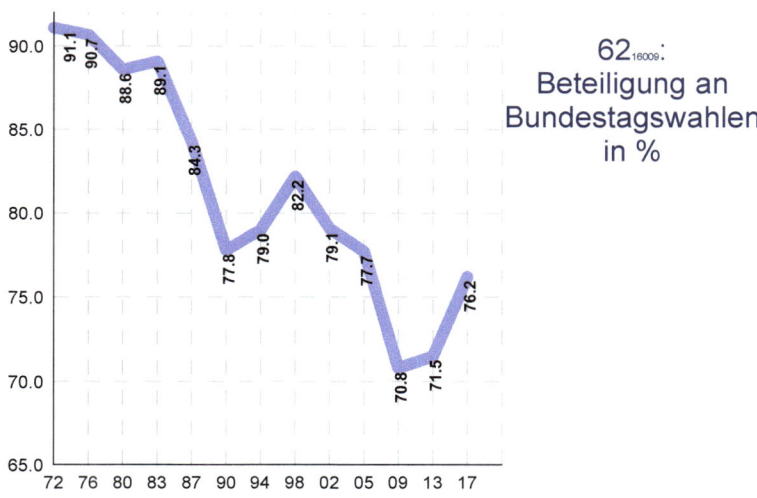

62[16009]:
Beteiligung an
Bundestagswahlen
in %

63₁₇₉₀₆: Arbeitslosenquote und Wahlbeteiligung bei der Bundestagswahl 2013

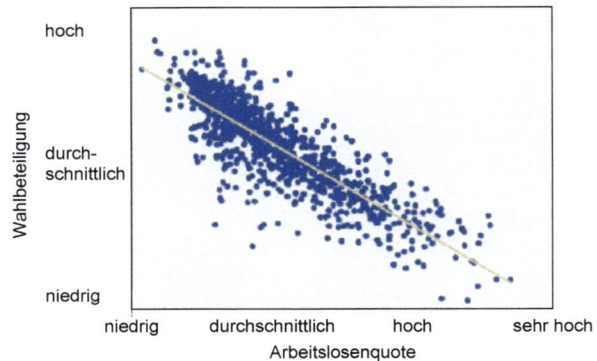

Quelle: Bertelsmann-Stiftung, Prekäre Wahlen, Dez. 2013. © Jahnke - http://www.jjahnke.net

64₁₇₃₀₁: Wahlbeteiligung bei der Bundestagswahl 2013

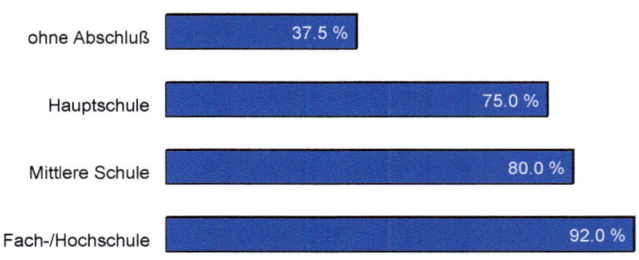

Quelle: Bildungsbericht 2016. © Jahnke - http://www.jjahnke.net

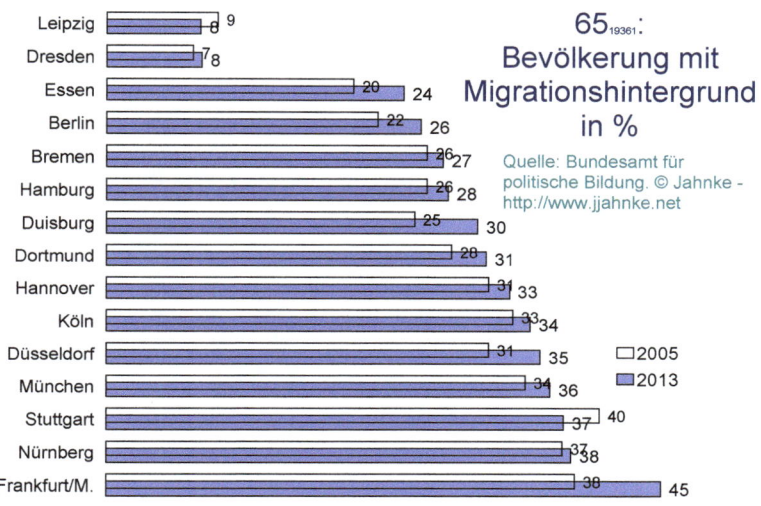

65[19361]:
Bevölkerung mit Migrationshintergrund in %

Quelle: Bundesamt für politische Bildung. © Jahnke - http://www.jjahnke.net

Leipzig: 8 / 9
Dresden: 7 / 8
Essen: 20 / 24
Berlin: 22 / 26
Bremen: 26 / 27
Hamburg: 26 / 28
Duisburg: 25 / 30
Dortmund: 28 / 31
Hannover: 31 / 33
Köln: 33 / 34
Düsseldorf: 31 / 35
München: 34 / 36
Stuttgart: 37 / 40
Nürnberg: 37 / 38
Frankfurt/M.: 38 / 45

☐2005
☐2013

66[18099]: Anteil der Bevölkerung mit Migrationshintergrund im Alter von bis 3 Jahre 2008 an der Gesamtaltersgruppe in % (die in 2017 12-Jährigen)

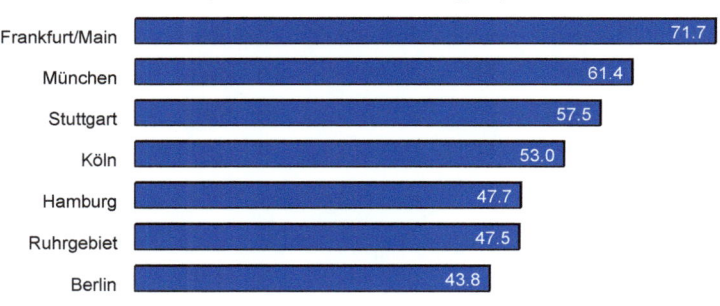

Frankfurt/Main: 71.7
München: 61.4
Stuttgart: 57.5
Köln: 53.0
Hamburg: 47.7
Ruhrgebiet: 47.5
Berlin: 43.8

Quelle: Statistische Ämter des Bundes und der Länder, Mikrozensus (Autorengruppe Bildungsberichterstattung). © Jahnke - http://www.jjahnke.net

67₁₉₈₀₆: Bildungsabschluß* mit türkischem Migrationshintergrund in Deutschland 2016 in % von allen

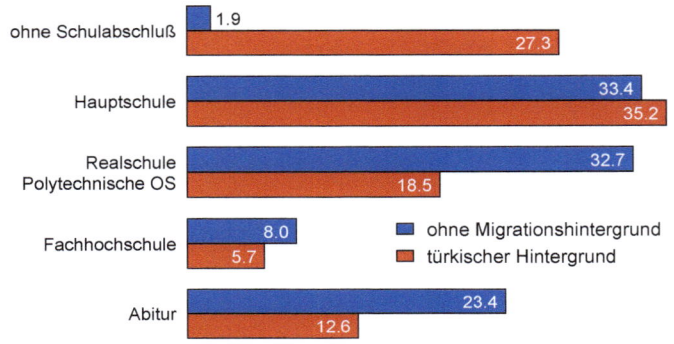

Quelle: Bevölkerung mit Migrationshintergrund, Statistisches Bundesamt 2016.
*) soweit nicht noch in Schulbildung oder noch nicht schulpflichtig.
© Jahnke - http://www.jjahnke.net

68₁₉₅₆₃: Entscheidungen über 695.733 Asylanträge 2016

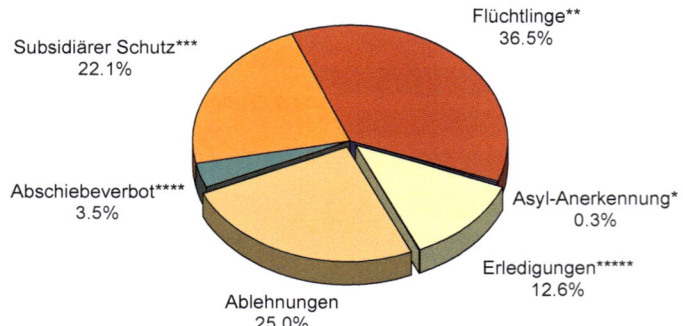

Quelle: BAMF. *) nach Art. 16 GG, **) nach Genfer Flüchtlingskonvention, ***) § 4 AsylG (Ein Ausländer ist subsidiär Schutzberechtigter, wenn er stichhaltige Gründe für die Annahme vorgebracht hat, dass ihm in seinem Herkunftsland ein ernsthafter Schaden droht), ****) nach § 60 Abs. 5/7 AufenthG,*****) formelle (negative) Erledigungen. © Jahnke - http://www.jjahnke.net

69₁₉₆₁₀: Anteil ohne Schulabschluß bei Personen mit eigener Migrationserfahrung* in %

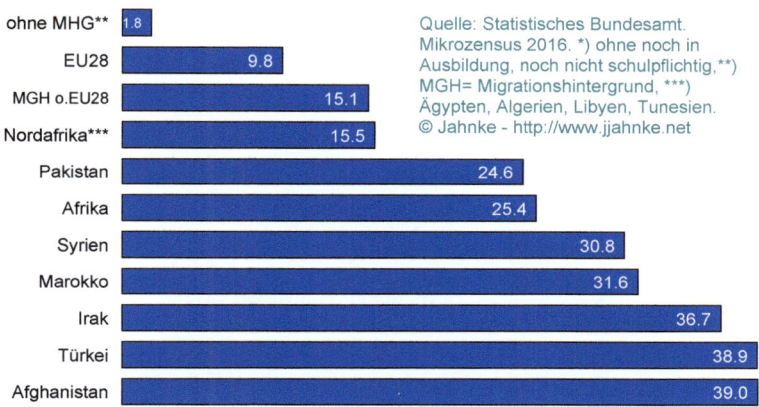

Quelle: Statistisches Bundesamt. Mikrozensus 2016. *) ohne noch in Ausbildung, noch nicht schulpflichtig,**) MGH= Migrationshintergrund, ***) Ägypten, Algerien, Libyen, Tunesien. © Jahnke - http://www.jjahnke.net

ohne MHG**	1.8
EU28	9.8
MGH o.EU28	15.1
Nordafrika***	15.5
Pakistan	24.6
Afrika	25.4
Syrien	30.8
Marokko	31.6
Irak	36.7
Türkei	38.9
Afghanistan	39.0

70₁₉₇₈₀: Anteil ohne beruflichen Abschluß bei Personen mit eigener Migrationserfahrung* in %

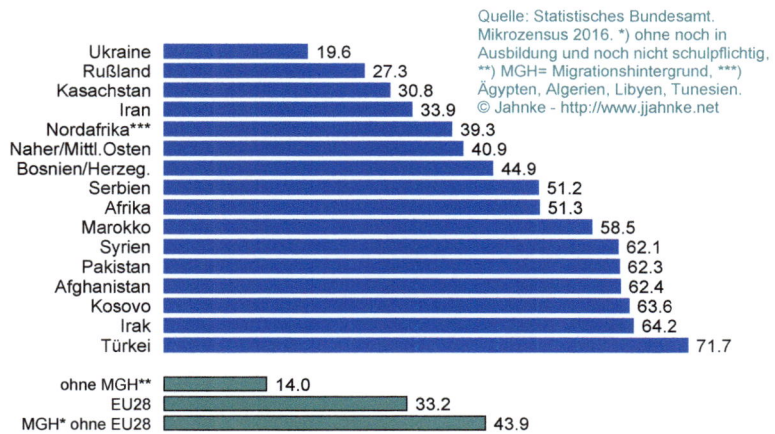

Quelle: Statistisches Bundesamt. Mikrozensus 2016. *) ohne noch in Ausbildung und noch nicht schulpflichtig, **) MGH= Migrationshintergrund, ***) Ägypten, Algerien, Libyen, Tunesien. © Jahnke - http://www.jjahnke.net

Ukraine	19.6
Rußland	27.3
Kasachstan	30.8
Iran	33.9
Nordafrika***	39.3
Naher/Mittl.Osten	40.9
Bosnien/Herzeg.	44.9
Serbien	51.2
Afrika	51.3
Marokko	58.5
Syrien	62.1
Pakistan	62.3
Afghanistan	62.4
Kosovo	63.6
Irak	64.2
Türkei	71.7
ohne MGH**	14.0
EU28	33.2
MGH* ohne EU28	43.9

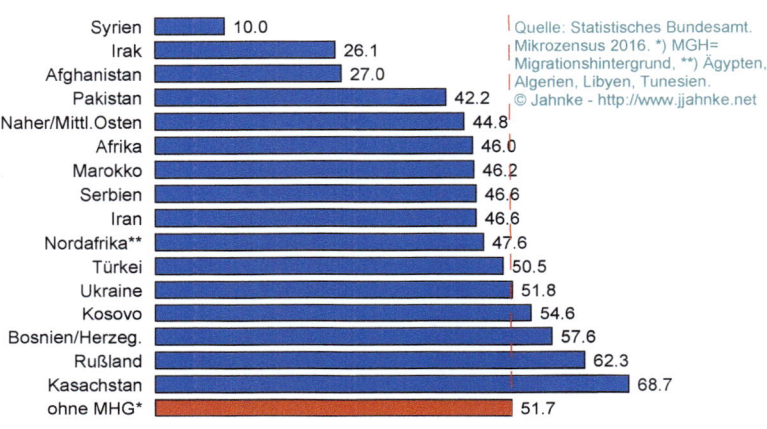

71₁₉₇₆₆: Erwerbstätigenquote bei Personen mit eigener Migrationserfahrung in %

	%
Syrien	10.0
Irak	26.1
Afghanistan	27.0
Pakistan	42.2
Naher/Mittl.Osten	44.8
Afrika	46.0
Marokko	46.2
Serbien	46.6
Iran	46.6
Nordafrika**	47.6
Türkei	50.5
Ukraine	51.8
Kosovo	54.6
Bosnien/Herzeg.	57.6
Rußland	62.3
Kasachstan	68.7
ohne MHG*	51.7

Quelle: Statistisches Bundesamt. Mikrozensus 2016. *) MGH= Migrationshintergrund, **) Ägypten, Algerien, Libyen, Tunesien. © Jahnke - http://www.jjahnke.net

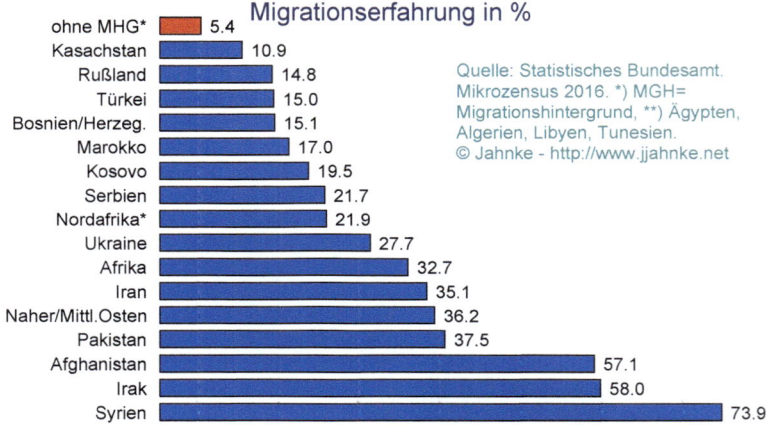

72₁₉₇₆₆: Anteil mit Lebensunterhalt von Hartz IV und sonstiger staatlicher Unterstützung bei Personen mit eigener Migrationserfahrung in %

	%
ohne MHG*	5.4
Kasachstan	10.9
Rußland	14.8
Türkei	15.0
Bosnien/Herzeg.	15.1
Marokko	17.0
Kosovo	19.5
Serbien	21.7
Nordafrika*	21.9
Ukraine	27.7
Afrika	32.7
Iran	35.1
Naher/Mittl.Osten	36.2
Pakistan	37.5
Afghanistan	57.1
Irak	58.0
Syrien	73.9

Quelle: Statistisches Bundesamt. Mikrozensus 2016. *) MGH= Migrationshintergrund, **) Ägypten, Algerien, Libyen, Tunesien. © Jahnke - http://www.jjahnke.net

73₁₉₇₆₅: Armutgefährdungsquote bei Personen mit eigener Migrationserfahrung in %

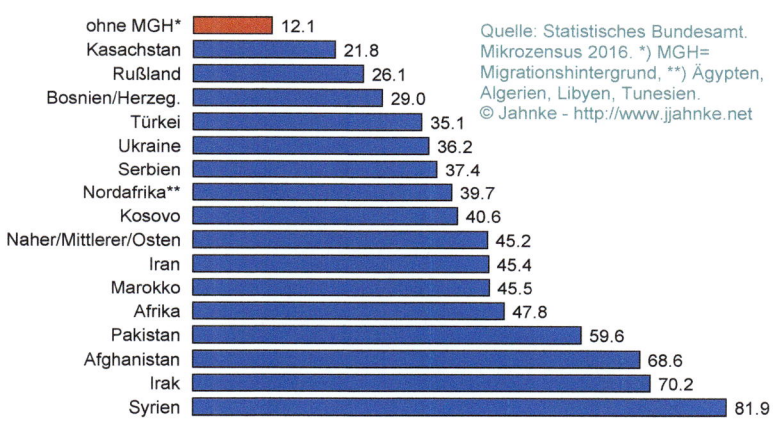

Quelle: Statistisches Bundesamt. Mikrozensus 2016. *) MGH= Migrationshintergrund, **) Ägypten, Algerien, Libyen, Tunesien.
© Jahnke - http://www.jjahnke.net

	%
ohne MGH*	12.1
Kasachstan	21.8
Rußland	26.1
Bosnien/Herzeg.	29.0
Türkei	35.1
Ukraine	36.2
Serbien	37.4
Nordafrika**	39.7
Kosovo	40.6
Naher/Mittlerer/Osten	45.2
Iran	45.4
Marokko	45.5
Afrika	47.8
Pakistan	59.6
Afghanistan	68.6
Irak	70.2
Syrien	81.9

74₁₉₇₉₁: Entwicklung der deutschen Treibhausgasemissionen

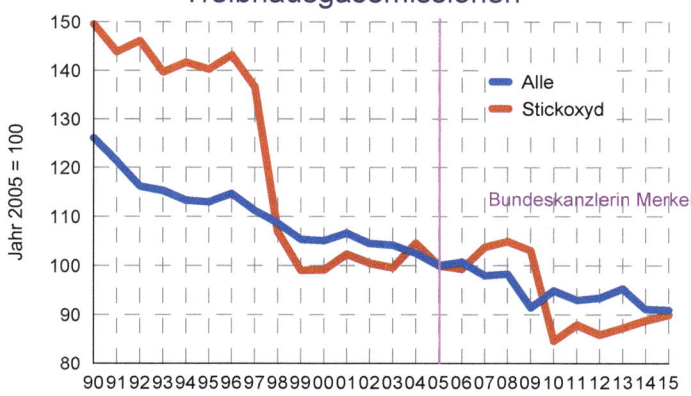

Quelle: Umweltbundesamt. © Jahnke - http://www.jjahnke.net

75₁₉₇₉₂: Entwicklung des Bestands an Diesel-PKWs in Deutschland

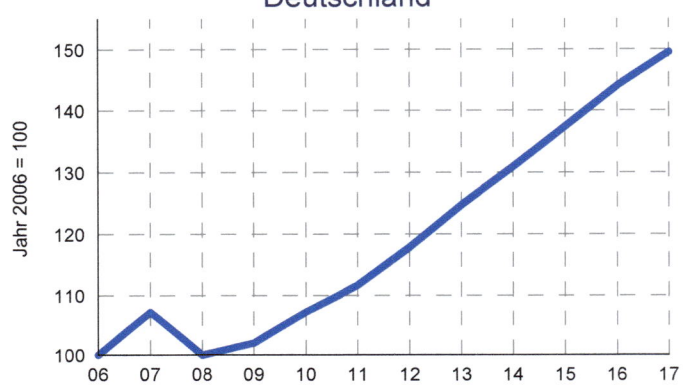

76₁₉₇₅₀: Anteil kinderloser Frauen nach im Alter von 45-54 Jahren (2016) nach Geburtsland

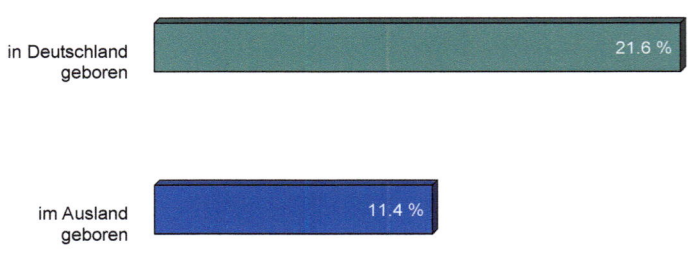

77₁₉₇₄₉: Anteil kinderloser Frauen im Alter von 45-54 Jahren (2016) nach monatlichem Nettoeinkommen des Haushalts

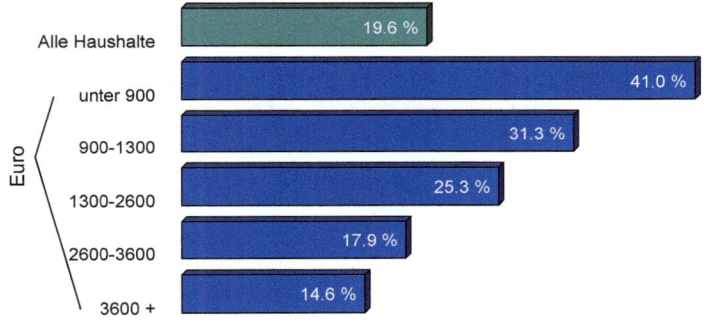

Quelle: Statistisches Bundesamt, Mikrozensus 2016. © Jahnke - http://www.jjahnke.net

78₁₉₇₅₂: Anteil kinderloser Frauen im Alter von 45-55 Jahren (2016) nach Geburtsjahrgängen in %

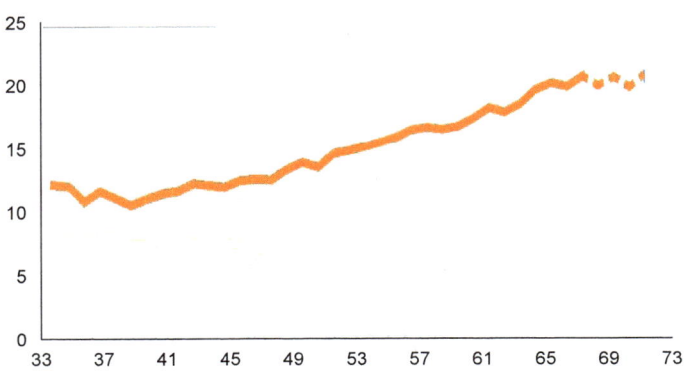

Quelle: Statistisches Bundesamt. © Jahnke - http://www.jjahnke.net

79₁₉₈₂₈: Anteil der Frauen mit keinem oder nur einem Kind in % (Geburtsjahrgang 1940-1960)

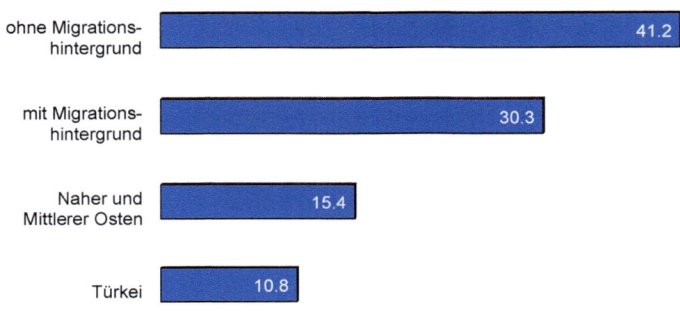

80₁₉₇₅₁: Rückgang der Spermzahl in Proben bei westlichen Männern zwischen 1973 und 2011

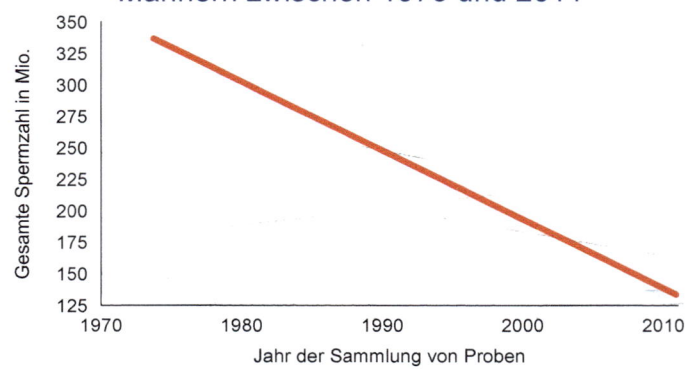